造園の施設とたてもの
── 材料・施工 ──

博士(農学) 小 林　　章
　　　　　山 口 剛 史　共著
　　　　　近 藤 勇 一

コロナ社

まえがき

　本書は，造園（ランドスケープアーキテクチュア），緑地，環境デザインなどを学ぶ学生や，初心技術者のために書かれたものであり，造園の施設とたてものについて，材料と施工の工学的技術の側面からコンパクトにまとめたものである。庭園や公園緑地に登場する各種構造物の材料と施工に関する入門書といってもよい。従来この種の成書は少なく，造園の施設とたてものの基本を学ぶには，土木や建築の専門書を何冊も読んで必要な知識を得なくてはならなかった。一方，施設とたてものの実務上の重要性に比べて学校では十分な授業時間がとれていないのが実情ではなかろうか。

　造園にとって植栽は最も重要な技術であることは疑いもなく，だからこそ学校の授業時間も多く専門書も豊富であるが，実務上は植栽よりも施設とたてものに予算が多くかかることが少なくない。当然，施設とたてものに関する技術はおろそかにできない。縁の下の力持ち的存在である造成された敷地や排水施設，公園緑地や広場の点景となるパーゴラやあずまや，利用者の生理的要求に応えつつ外観のよさも期待されるトイレ，歩きやすさや景観に影響を及ぼす舗装，敷地の境界を明示しつつ美観に貢献する外柵など，造園の施設とたてものは種類が多く，そこに用いられる材料と技術も多様，多彩である。しかもそれぞれに用いられる技術は奥が深い。

　土，石材，木材，コンクリート，鋼材，アスファルト，タイル，プラスチックなど，施設とたてものに用いられる材料の世界もまた広く深い。

　ランドスケーププランニングや環境デザインを志す学生にとっても，施設やたてものに関するある程度の技術的知識は欠くことができないはずである。プランもデザインも実現できないようなものでは仕方がないのであるから。

　本書の特徴は平易な文章を心掛けたこと，写真，図，表を多くして，読者がわかりやすいよう配慮したことである。ことに写真は，施工現場でものが出来

まえがき

上がる過程の生き生きとした姿を伝えるはずである。様々な材料を取り扱って進んでいく造園工事の内容は，本質的には躍動的でおもしろい。しかし，そのことは学生にはなかなか伝わりにくいし，現場に出たばかりの初心技術者にはおもしろいどころか緊張して戸惑うことばかりであるかもしれない。

今日，造園，建築，土木を問わず大規模な工事現場は事故を防ぐために柵で囲まれ，市民の目に触れなくなっている。いいかえれば工事現場で誇りをもって活躍する技術者たちの姿が，市民から遠ざけられているのが現状であり，そのことが若者に材料と施工を学ぼうとする気持ちになりにくくさせている一因ともいえる。

3人の著者は年来の知己であり，小林は実務経験も少々あり造園施設材料や造園施工の講義をする大学教員，山口は建築・造園の設計・施工作品の豊富なランドスケープアーキテクト，近藤は第一線の造園施工技術者で会社経営者かつ大学の実習の非常勤講師である。この種の図書の執筆には最適の顔ぶれであり，どの一人を欠いてもこの本は完成しなかったことであろう。執筆は1，2章を小林と近藤，3，4章を山口が担当した。

なお本書は入門書であるがゆえに土木，建築の専門書を中心に多くの先学の著作から引用させていただいた。また，(株)勇和造園の遠藤秀一氏には作図などで，(株)桂造園の菊地謙二氏，デザインスタヂオの鈴木良朗氏には現場写真でご協力いただいた。ここに感謝の意を表するものである。

2003年9月

著者一同

目　　次

1. 造園建設と基本の技術

1.1　造園建設のあらまし ……………………………………………… *1*
　　1.1.1　大規模な造園建設のはじまり ……………………………… *1*
　　1.1.2　北の丸公園・水元公園の工事など ………………………… *2*
　　1.1.3　造園建設の技術・技能 ……………………………………… *3*
　　1.1.4　造園と建設機械 ……………………………………………… *4*
　　1.1.5　造園工事に携わるための資格と免許 ……………………… *5*
1.2　土　　　　工 ……………………………………………………… *7*
　　1.2.1　土質と施工 …………………………………………………… *7*
　　1.2.2　土工に際して ………………………………………………… *15*
　　1.2.3　法面の緑化 …………………………………………………… *16*
1.3　コンクリート ……………………………………………………… *16*
　　1.3.1　コンクリートと建設 ………………………………………… *16*
　　1.3.2　コンクリートの配合と強度 ………………………………… *16*
　　1.3.3　型　　枠 ……………………………………………………… *21*
　　1.3.4　コンクリートの打設 ………………………………………… *22*
　　1.3.5　寒中・暑中コンクリート …………………………………… *25*
　　1.3.6　セメントの種類 ……………………………………………… *25*
1.4　丁張・遣形と測量 ………………………………………………… *26*
　　1.4.1　位　置　出　し ……………………………………………… *26*
　　1.4.2　丁張・遣形を作る …………………………………………… *27*
　　1.4.3　平面図の距離と角度 ………………………………………… *28*
　　1.4.4　測　量　器　具 ……………………………………………… *28*
　　1.4.5　境　　　　界 ………………………………………………… *30*
　　1.4.6　ベンチマーク ………………………………………………… *30*
　　1.4.7　高さを設ける ………………………………………………… *30*
　　1.4.8　法　定　規 …………………………………………………… *32*

目次

- 1.4.9 直線の延長 ……………………………………… 33
- 1.4.10 角度を設ける ……………………………………… 34
- 1.4.11 管渠の遣形 ……………………………………… 35
- 1.5 仮設工と安全対策 ……………………………………… 36
  - 1.5.1 造園の仮設資材 ……………………………………… 36
  - 1.5.2 造園と労働災害 ……………………………………… 38

2. みちと広場

- 2.1 舗装工 ……………………………………… 39
  - 2.1.1 舗装の構成と施工 ……………………………………… 39
  - 2.1.2 アスファルト舗装 ……………………………………… 44
  - 2.1.3 セメントコンクリート舗装 ……………………………………… 49
  - 2.1.4 コンクリート平板舗装 ……………………………………… 50
  - 2.1.5 インターロッキングブロック舗装 ……………………………………… 51
  - 2.1.6 タイル舗装 ……………………………………… 53
  - 2.1.7 ダスト舗装 ……………………………………… 53
  - 2.1.8 れんが舗装 ……………………………………… 54
  - 2.1.9 小舗石舗装 ……………………………………… 55
  - 2.1.10 舗石舗装 ……………………………………… 55
  - 2.1.11 石張舗装 ……………………………………… 56
  - 2.1.12 木れんが舗装 ……………………………………… 57
  - 2.1.13 まくら木舗装 ……………………………………… 58
- 2.2 舗装の工事手順 ……………………………………… 59
  - 2.2.1 アスファルト舗装 ……………………………………… 59
  - 2.2.2 コンクリート舗装 ……………………………………… 65
  - 2.2.3 インターロッキングブロック舗装 ……………………………………… 68
  - 2.2.4 タイル舗装 ……………………………………… 70
  - 2.2.5 ダスト舗装 ……………………………………… 71
  - 2.2.6 その他の舗装 ……………………………………… 72
- 2.3 排水工 ……………………………………… 72
  - 2.3.1 排水施設の構成と施工 ……………………………………… 73
  - 2.3.2 浸透工法 ……………………………………… 77
- 2.4 排水施設の工事手順 ……………………………………… 78

目次 v

- 2.4.1 U形側溝 ·· 78
- 2.4.2 排　水　桝 ·· 79
- 2.4.3 雨水浸透管 ·· 80
- 2.4.4 雨水浸透桝 ·· 82
- 2.4.5 硬質塩化ビニル管 ·· 83

2.5 囲　障　工 ·· 84
- 2.5.1 囲障の構成 ·· 84
- 2.5.2 囲障の工事手順 ··· 87

3. たてもの

3.1 造園と「たてもの」 ·· 95
3.2 たてものの種類 ··· 97
- 3.2.1 藤　　棚 ·· 97
- 3.2.2 パーゴラ ·· 98
- 3.2.3 四阿（東屋） ··· 99
- 3.2.4 西洋庭園におけるたてもの ··· 100

3.3 たてものの構造 ··· 102
- 3.3.1 組　積　造 ·· 103
- 3.3.2 補強コンクリートブロック造 ····································· 107
- 3.3.3 木　　造 ·· 110
- 3.3.4 鉄　骨　造 ·· 113
- 3.3.5 鉄筋コンクリート造 ·· 115
- 3.3.6 プレファブ造 ·· 120

3.4 たてものの施工工程 ·· 124
- 3.4.1 準　備　工 ·· 126
- 3.4.2 土　工　事 ·· 128
- 3.4.3 地　業　工　事 ·· 131
- 3.4.4 仮設工事──足場組立 ··· 134
- 3.4.5 躯　体　工　事 ·· 139
- 3.4.6 小屋組と鉄骨工事 ··· 147
- 3.4.7 陸屋根の防水工事 ··· 150
- 3.4.8 屋　根　工　事 ·· 151
- 3.4.9 建　具　工　事 ·· 153

3.4.10　石工事 ……………………………………………… *154*
　　3.4.11　タイル工事 …………………………………………… *155*
　　3.4.12　左官工事 ……………………………………………… *157*
　　3.4.13　仮設工事——足場解体 …………………………… *160*
　　3.4.14　衛生・設備工事 ……………………………………… *160*
　　3.4.15　電気設備工事 ………………………………………… *163*
　　3.4.16　内装工事 ……………………………………………… *163*
　　3.4.17　その他の工事 ………………………………………… *164*
　　3.4.18　清掃片付け …………………………………………… *164*

4. 関連法規

4.1　資格関連法律 ………………………………………………… *165*
　　4.1.1　測量法 …………………………………………………… *165*
　　4.1.2　建築士法 ………………………………………………… *166*
　　4.1.3　土木施工管理技士，造園施工管理技士，建築施工管理技士，等 ……… *166*
4.2　建設業法，労働関係法 ……………………………………… *168*
　　4.2.1　建設業法 ………………………………………………… *168*
　　4.2.2　労働基準法 ……………………………………………… *168*
　　4.2.3　労働安全衛生法・同施行令・労働安全衛生規則 …… *168*
4.3　建築基準法，都市公園法 …………………………………… *170*
　　4.3.1　建築基準法・同施行令・同施行規則 ………………… *170*
　　4.3.2　都市公園法 ……………………………………………… *171*

参　考　文　献 …………………………………………………… *172*
索　　　　　引 …………………………………………………… *174*

1 造園建設と基本の技術

1.1 造園建設のあらまし

1.1.1 大規模な造園建設のはじまり

　造園は緑にあふれた環境を作りだす職能ではあるが，土木的あるいは建築的な技術を少なからず含んでいる。造園建設にかかわる造園工事業が産業として大きくなったのは，第2次世界大戦後，植木や庭石や竹垣を扱う伝統技術のほかに，土木的・建築的技術をもこなすようになったからにほかならない。

　大正時代末期の東京で施工された明治神宮外苑の造園工事の詳細な記録が残っている。明治神宮外苑は今日，国立競技場や神宮球場などスポーツ施設が集まっている公園として知られているが，その骨格になる園路，広場，石積，噴水，ベンチなどは往時のままである（**図1.1**）。その当時神宮外苑で大規模な敷地造成や排水管の工事が行われ，大量のコンクリートやアスファルトが用い

図1.1　明治神宮外苑

図1.2　山下公園（横浜市 1977年撮）

られたことが手に取るようにわかる。

　また昭和初期，関東大震災から復興した横浜に完成した日本最初の臨海公園である山下公園は，今日でも港ヨコハマを代表する観光名所である。当時山下公園のためだけに震災のがれきで海岸を埋め立て，バルコニー付きの石積護岸の建設を行い，植栽のために客土を行うなど，当時最先端の工事が行われた（図 1.2）。ただそのころの造園建設は造園会社だけで施工したわけではなく，土木会社などと分割して請け負っていたようである。

　第 2 次世界大戦後，日本住宅公団（都市再生機構の前身）の住宅団地建設に伴う造園や，昭和 39（1964）年開催の東京オリンピック関連の公共造園を経て，公共事業としての造園は規模が大きくなった。今日では造園会社が，1 ha を超える面積の公園の敷地造成から舗装，たてもの，植栽，給排水，電気まですべてを一括して受注し，施工管理することも珍しいことではなくなった。

1.1.2　北の丸公園・水元公園の工事など

　著者は，昭和 40 年代前半に，皇居外苑で北の丸公園（図 1.3）が建設される様子を目の当たりにした。

　見る見るうちにブルドーザーで園地が造成され，アスファルト舗装の広い園路が付けられ，池と流れができ，そこに橋が架けられ，おびただしい樹木が植えられ，芝生が張られて美しい公園が出来上がる様子は，まるで魔法のように

図 1.3　北の丸公園（東京都千代田区 1973 年撮）

図 1.4　工事中の水元公園（東京都葛飾区 1973 年撮）

見えた。

　そこに植栽された見知らぬ背の高い樹木に丸い葉が出て白い花が咲いたときは，うっとりした。この木は後にはくうんぼくと知った。このことを思い出すとき，造園建設は社会的にもすばらしい仕事と改めて感じる。

　昭和40年代後半には，東京都葛飾区に都立水元公園が建設されるのを見ることができた。釣り人の多い，荒川べりの120 haの広大な公園である。公園内に排水施設が設けられ，まだ珍しかった鋼製の巨大な斜張橋と，いくつものプレキャストコンクリート製の桁橋が架けられた（**図1.4**）。湿地ゆえ植栽樹木にはラクウショウとポプラが多く目についた。サイクリングがてら，しばしばその工事現場に行って写真を撮った。当時は工事現場で外部の者の立入りを禁止することが今ほど厳重ではなかったように思う。そのうち工事現場の技術者から声を掛けられて話をするうち，彼が都庁の造園技術職であり，公園内の橋の工事監督をしているのも彼であることを知って驚き，うれしかった。造園建設はスケールの大きい技術であった。

　そのころ茨城県龍ヶ崎市で友人たちと1週間ほど泊り掛けで，建売り住宅の作庭のアルバイトをした。当時そこは龍ヶ崎ニュータウンと呼ばれ建設が盛んであった。フェンスの基礎コンクリートを打ったり，小さな庭石を運んだり，まてばしいを植栽したり，広いともいえない庭の多彩な工種に驚きつつ，できる範囲で努力し汗を流したが，体を動かす技能の難しさを実感した。アルバイトの友人の中にコンクリートブロックを積んで門柱を作り，目地ごて（鏝）を使うのが上手な学生がいたが，後に造園会社をおこした。造園建設の実務には，技術も技能も必要なのである。

　造園技術書に，植栽に関する技術と同等以上のページ数を割いて，工学的建設技術の内容が盛り込まれるようになったのは，このころからである。

1.1.3　造園建設の技術・技能

　造園建設は一品生産の世界である。公園や住宅庭園の面積にかかわらず，工種が多く，多様な資材を使う。造園の社会的需要が増大したことによって，造

園の対象は住宅庭園・都市公園・道路緑化・風景地へと広がり，工事のスピードアップが望まれ，機械化が進んできている。

今日，公園も住宅庭園も造園設計図面に基づいて施工されるが，詳細図には土木・建築の図面と共通の表現技法が多く使われている。まずそれらの図面が読めなくては施工の仕事に取り掛かれない。

造園工事業は建設業法という法律によって昭和47（1972）年に確たる地位を占め，しかも工事内容の総合性を認められている業種である。したがって，そこに活躍の場を求める者は農学を基盤とする植物を取り扱う技術はもとより，鉄筋コンクリートやアスファルトを用いる工学的建設技術をも習得する必要がある。

こうした多彩な技術を含む造園建設は，技術者・技能者としてはいろいろな工種に携わることのできる，やりがいのあるおもしろい領域である。今日農林・建築・土木・芸術など様々な領域の出身者が造園に携わっている。

国家試験による造園の技術者資格としては国土交通省所管の「**造園施工管理技士（1・2級）**」（昭和50（1975）年制度発足），技能者資格としては厚生労働省所管の「**造園技能士（1・2・3級）**」（昭和48（1973）年制度発足）などがある。造園の現場は，科学と技術と技能のそれぞれの力が調和的に発揮されると，よりよいものができるであろう。

土に関しても，植物を栽培するためには土壌学の知識が必要になるが，大規模な造成工事の盛土，切土のためには土質工学が基本になる。土壌学と土質工学では，土に対する見方や考え方が基本的に異なっている。

1.1.4　造園と建設機械

造園工事も機械化が進み，ブルドーザー，ショベルドーザー，バックホー，パワーショベル，クレーン車，振動ローラー，アスファルトフィニッシャー，コンクリートポンプ車など大型の建設機械や高所作業車をリースで利用することが頻繁にある。なお，使用頻度が高いために造園会社が所有していることが多い建設機械は次のようなものである。

1.1 造園建設のあらまし　　5

樹木は枝を縄でまとめられ，根巻き（根鉢の土を崩れないように巻くこと）されている。
図 1.5　樹木の荷下ろしをしているクレーン付きトラック

クレーン付きトラック　植木をはじめ様々な資材の運搬と積み下ろしに使う（図 1.5）。

ダンプトラック（dump truck）　土や石材などの運搬と荷下ろしに使う。

小型のバックホー（back hoe）　通称，ミニユンボ。土の掘削や積込みに使う（図 1.6）。

図 1.6　小型のバックホー

図 1.7　小面積のアスファルトの試験舗装を転圧している振動コンパクター

振動コンパクター（vibratory plate compactor）　土や砕石の転圧に使う機械（図 1.7）で，混合油で動く。プレート，コンパクターともいう。混合油はガソリンと 2 サイクルオイルを 25：1 の割合で混ぜる。ガソリンスタンドで 4 リットル缶入りを購入し，混合する。

工事で建設機械を使う際には騒音や振動に気を付ける必要がある。

1.1.5　造園工事に携わるための資格と免許

造園工事会社のスタッフが必要に迫られてもっている資格や免許には様々なものがあるが，代表的なものは，次のようなものである（4 章参照）。

普通自動車免許 現場での乗用車やトラックの運転のために欠くことができない。

玉掛け クレーンの吊作業で，吊荷にワイヤを安全に掛けるために，現場で真っ先に必要とされる資格である。

小型クレーン 様々な資材の吊作業に必要である。

小型車両系建設機械 バックホー，キャリヤダンプが含まれる。建設現場では活用する場面が多い。

チェーンソー（chain saw） 木材加工や樹木の伐採などに使う機械であるが，講習を受ける必要がある（図1.8）。

公園内に新たに園路を設けるための樹木の伐採。
図1.8 樹木を根元から切っているチェーンソー

図1.9 樹木のせん定に使用される高所作業車

高所作業車 樹木のせん(剪)定も，樹木に上らずに高所作業車を使って行うことが多くなった（図1.9）。

一般廃棄物収集運搬業 環境省所管の「廃棄物の処理及び清掃に関する法律」によるもので，街路の中央分離帯の植栽の維持管理を業(なりわい)として行うような場合には，申請者となる会社役員がこの資格をもつ必要がある。中央分離帯の樹木のせん定枝とともに空き缶など様々なごみを収集運搬しなくてはならないからである。

1.2 土 工

1.2.1 土質と施工

〔1〕 土質と基礎

植栽の場合,砂土を好む植物といえば種類が限定されるが,構造物の基礎としては一般に砂質土は望ましい土質である。それはよく締固めができるからにほかならない。

〔2〕 土質構造物

土質構造物は,現況地盤の上に土を盛り上げた盛土(図1.10)と,現況地盤を掘り下げあるいは削り取った切土に大別される。工事現場で図面に着色する場合,盛土は青,切土は赤で示すことになっている。日本庭園の築山(つきやま)(図1.11)も盛土である。盛土も切土も斜面ができることになるが,土工ではこれを法面(のりめん)と呼ぶ。法面各部の名称を図1.12に示す。土木技術による法面の中では高速道路の法面がスケールが大きく代表的なものである。

土木では一つの法面の勾配は一定にして造成することが多いが,造園の築山

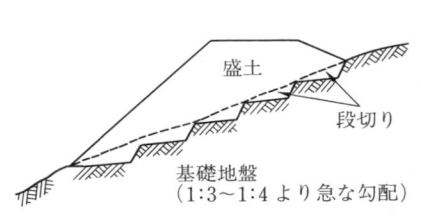

図1.10 盛土基礎地盤の段切り

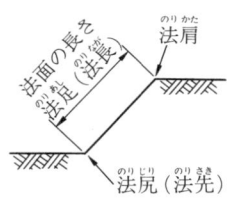

図1.12 法面各部の名称

本来平たんな埋立地の東京都江東区に造られた清澄庭園。

図1.11 日本庭園の築山

の法面勾配は微妙に変化させる。法面は大雨のときにも崩れないような安定的なものでなければならないが，そのためには勾配も適切なものにしておかなくてはならない。むろん急勾配よりも緩やかな勾配の方が土質構造物としては安定的である。同じ土質ならば盛土は切土よりも勾配を緩やかにする必要がある。法面勾配の値は傾斜角度や百分率あるいは法面の高さ（垂直距離）と奥行（水平距離）の比で示す。土質と切土・盛土の勾配の値を**表1.1，表1.2**に示す。これらは土木的経験値として知られているものである。

表1.1 地山の土質に対する標準法面勾配

地山の土質		切土高〔m〕	勾　配
硬　　岩			1：0.3～1：0.8
軟　　岩			1：0.5～1：1.2
砂	密実でない粒度分布の悪いもの		1：1.5～
砂　質　土	密実なもの	5以下 5～10	1：0.8～1：1.0 1：1.0～1：1.2
	密実でないもの	5以下 5～10	1：1.0～1：1.2 1：1.2～1：1.5
砂利または 岩塊混じり砂質土	密実なもの，または粒度分布のよいもの	10以下 10～15	1：0.8～1：1.0 1：1.0～1：1.2
	密実でないもの，または粒度分布の悪いもの	10以下 10～15	1：1.0～1：1.2 1：1.2～1：1.5
粘性土		0～10	1：0.8～1：1.2
岩塊または 玉石混じり粘性土		5以下 5～10	1：1.0～1：1.2 1：1.2～1：1.5

注：シルトは粘性土に入れる。
〔(社)日本道路協会：道路土工―のり面工・斜面安定工指針(改訂版)，丸善(1979) p.77 より〕

なお日本庭園の築山のようなものを造成する場合には，設計図は直定規で測ったような単純な線では表現できないから，**図1.13**のように等高線を使って表現することが多い。施工上は工事現場の敷地に等間隔の格子（メッシュ）を掛け，格子の交点の高さを丁張を立てて示し，それに基づいて土を盛り上げ，なだらかに仕上げる。

表1.2 盛土材料および盛土高に対する法面標準勾配

盛土材料	盛土高〔m〕	勾配	摘要
粒度のよい砂（SW），砂利および砂利混じり砂（GM）（GC）（GW）（GP）	5以下 5〜15	1：1.5〜1：1.8 1：1.8〜1：2.0	基礎地盤の支持力が十分にあり，浸水の影響のない盛土に適用する。 （ ）の統一分類は代表的なものを参考に示す。
粒度の悪い砂（SP）	10以下	1：1.8〜1：2.0	
岩塊（ずりを含む）	10以下 10〜20	1：1.5〜1：1.8 1：1.8〜1：2.0	
砂質土(SM)(SC)，硬い粘質土，硬い粘土(洪積層の硬い粘質土，粘土，関東ロームなど)	5以下 5〜10	1：1.5〜1：1.8 1：1.8〜1：2.0	
軟らかい粘質土（VH_2）	5以下	1：1.8〜1：2.0	

注：盛土高とは，法肩と法尻の高低差をいう。記号は図1.14参照。
〔(社)日本道路協会：道路土工―のり面工・斜面安定工指針(改訂版)，丸善(1979) p.97 より〕

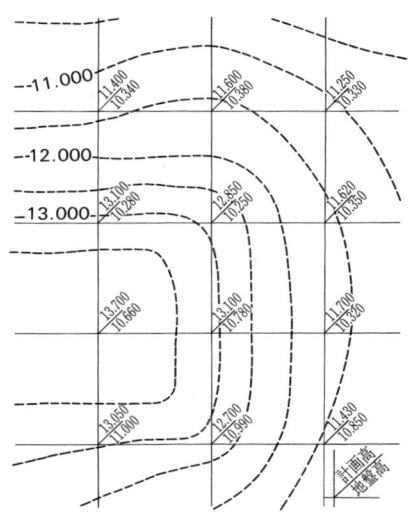

等高線の間隔は0.500 mで計画高を表す。メッシュの間隔は10.000 m。
図1.13 造園における造成のための等高線による表現例

〔3〕 土の分類

土粒子は岩石が細かくなったものであるが，土粒子の粗いものから細かいものへ，礫(れき)，砂，シルト（silt），ローム（loam）などと分類される。これらは統一土質分類（図1.14）により呼称が定められている。これとは別に農学的な土壌分類（図1.15，表1.3）があり，日本農学会と国際土壌学会の土壌の粒

1. 造園建設と基本の技術

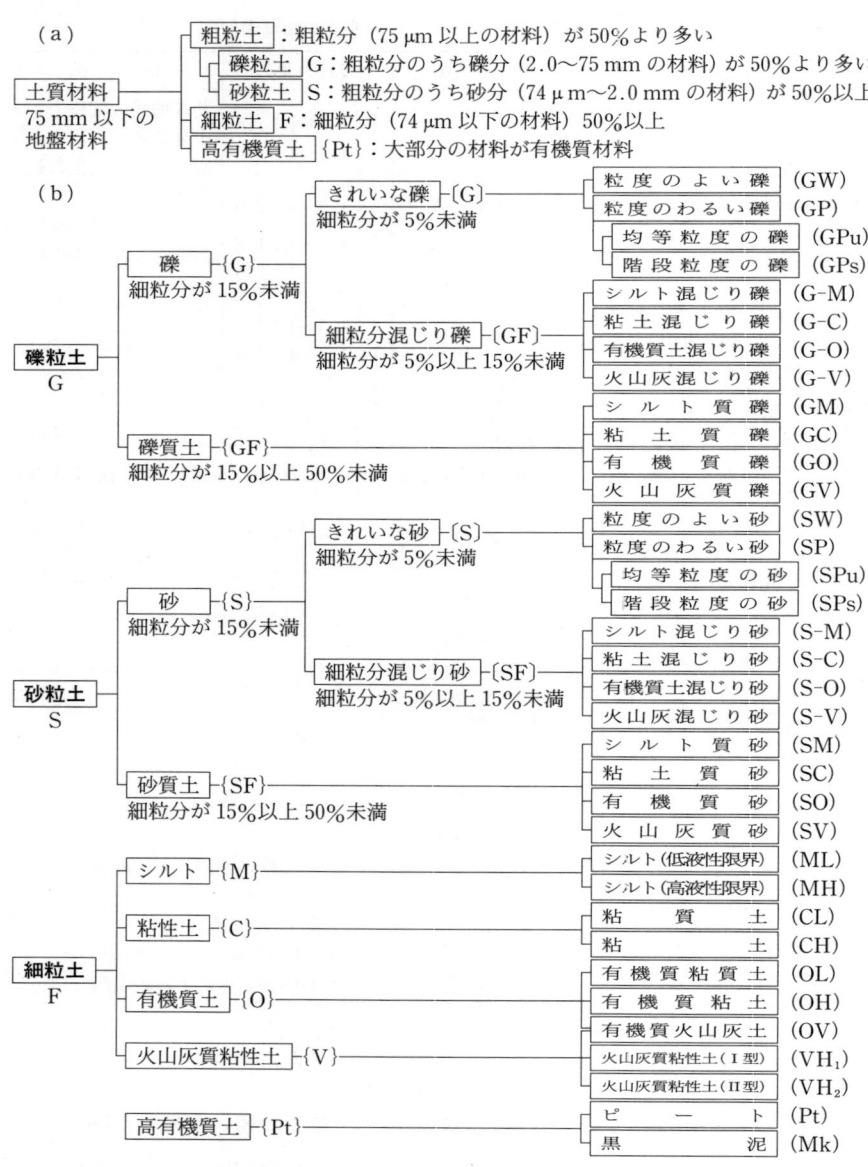

注：太字は大分類，{ }は簡易分類，〔 〕は中分類，( )は細分類

図 1.14 日本統一土質分類による土の分類基準（抜粋）と分類名
〔(社)日本道路協会：道路土工—土質調査指針，丸善 (1986) p.300, 301 より〕

1.2 土工

国際土壌学会法

2 mm	0.2 mm	0.02 mm	0.002 mm
礫	粗砂	細砂	微砂	粘土
礫	粗砂	細砂	微砂	粘土

2 mm　　0.25 mm　　0.05 mm　　0.01 mm

日本農学会法

（a）土の粒径区分

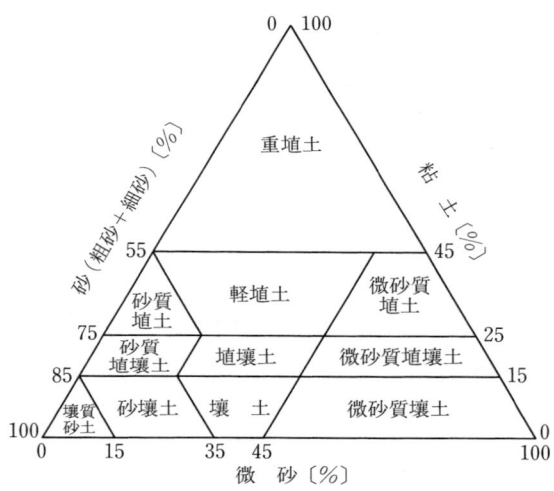

（b）国際土壌学会法による土性区分

図 1.15　農学的な土壌分類

表 1.3　日本農学会法による土性区分

名　称	細土（2 mm 以下）中の粘土〔%〕	備　　考
砂　土	12.5 以下	1. 細土中の砂の 2/3 以上が細砂と微砂のときは土性の名称の前に「細」を付ける。例えば細砂土，細壌土など。
砂壌土	12.5〜25.0	
壌　土	25.0〜37.5	2. 埴土および埴壌土が特に軽鬆なときは軽埴土，軽埴壌土のように頭に「軽」を付ける。
埴壌土	37.5〜50.0	3. 原土中礫の含量が 50 % 以上のときは礫土と呼ぶ。また腐植の含量が 20 % 以上のときは腐植土と名付ける。
埴　土	50.0 以上	

径区分と土性区分がよく用いられる。

〔4〕 土の締固め

　土を構成しているのは土粒子とそのすきまにある空気と水である（**図1.16**）。土を締め固めるということは、土からすきまをなるべくなくすことであり、空気と水を追い出すことである。よく締め固められた土は構造物の基礎として望ましいものであるが、植栽つまり植物の根のためには、土に適度のすきまがあり、空気と水が含まれ、腐食や土壌微生物が含まれていることが望ましい。この点で、構造物の基礎としての土と、植物のための土とは求められる条件が異なる。ごく大まかにいえば、前者のために土質工学があり、後者のために土壌学がある。

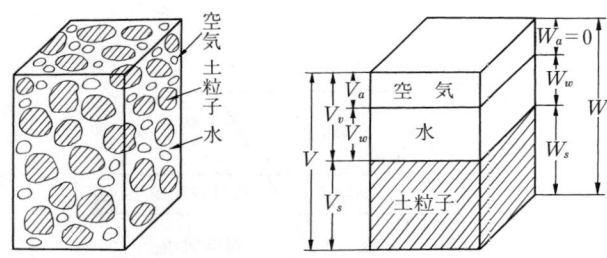

図1.16 土の中に含まれる水と空気（V：体積，W：重量）
〔土質工学会土のはなし編集グループ編：土のはなしⅠ，技報堂出版（1979）p.2 より〕

　土を締め固めるときには、同じ土質でも乾いているか湿っているかなど土の含水比によって、固まり具合が違ってくる。実験室内では、土の含水比を変えて最もよく固まる最適含水比を求める方法がある。子供のころ砂遊びで砂の団子を作った人は多いに違いないが、そのとき砂が乾いていても、湿りすぎていても団子は上手に作れなかったはずである。工事現場の土の締固めでの最適含水比の概念は砂の団子のことを思えばよい。

〔5〕 不 透 水 層

　植栽地の造成をするときには、その下に不透水層ができないような配慮が必要である。下の土を締め固めすぎたり、あるいは粘性土層をそのままにしてお

いたりすると，降った雨が地下に浸透しないで，植物の根元に停滞しやすくなり，根腐れの原因になる。

〔6〕 巻出し厚

土を転圧締固めをする際に，一度に厚く土を敷いてしまっては締固めが困難になる。よく締め固められる土の厚さは 20〜30 cm とされている。

〔7〕 土量の変化率

造成する際に動かす土の種類によって施工性は異なることを知っておきたい（**表 1.4**）。

表 1.4 施工のための土の分類

名 称	説 明	摘 要	日本統一土質分類法による土の簡易分類との対応
礫混じり土	礫の混入があって掘削時の能率が低下するもの	礫の多い砂，礫の多い砂質土，礫の多い粘性土	礫 {G} 礫 質 土 {GF}
砂	バケットなどに山盛り形状になりにくいもの	海岸砂丘の砂 まさ土	砂 {S}
普 通 土	掘削が容易で，バケットなどに山盛り形状にしやすく空げきの少ないもの	砂質土，まさ土 粒度分布のよい砂 条件のよいローム	砂 {S} 砂 質 土 {SF} シ ル ト {M}
粘 性 土	バケットなどに付着しやすく空げきの多い状態になりやすいもの，トラフィカビリチーが問題となりやすいもの	ローム 粘性土	シ ル ト {M} 粘 性 土 {C}
高含水比粘 性 土	バケットなどに付着しやすく特にトラフィカビリチーが悪いもの	条件の悪いローム 条件の悪い粘性土 火山灰質粘性土	シ ル ト {M} 粘 性 土 {C} 火山灰質粘性土 {V} 有 機 質 土 {O}
（有機質土）			高 有 機 質 土 {Pt}

〔(社)日本道路協会：道路土工施工指針（改訂版），丸善（1986）p.11 より〕

また，固まっている土（地山(じやま)）を掘削してほぐせば体積は大きくなる。ほぐした土を締め固めれば体積は小さくなる。そうした土量の変化率が土質によって異なることは経験的に知られている。

$$C=\frac{締め固めた土量}{地山の土量}$$

$$L=\frac{ほぐした土量}{地山の土量}$$

とすれば，$C=0.8$ は締固めた土量が地山土量の 0.8 倍になること，$L=1.1$ はほぐした土量が地山土量の 1.1 倍になることを示す。土を運搬するときはほぐした土量，築山の仕上げのときは締め固めた土量が注目される（**表1.5**）。

表1.5 土量の変化率

名　　　称		L	C
岩または石	硬　　　　　　岩	1.65～2.00	1.30～1.50
	中　硬　　　　岩	1.50～1.70	1.20～1.40
	軟　　　　　　岩	1.30～1.70	1.00～1.30
	岩　塊・玉　石	1.10～1.20	0.95～1.05
礫混じり土	礫	1.10～1.20	0.85～1.05
	礫　　質　　土	1.10～1.30	0.85～1.00
	固結した礫質土	1.25～1.45	1.10～1.30
砂	砂	1.10～1.20	0.85～0.95
	岩塊・玉石混じり砂	1.15～1.20	0.90～1.00
普通土	砂　　質　　土	1.20～1.30	0.85～0.95
	岩塊・玉石混じり砂質土	1.40～1.45	0.90～1.00
粘性土など	粘　　性　　土	1.20～1.45	0.85～0.95
	礫混じり粘性土	1.30～1.40	0.90～1.00
	岩塊・玉石混じり粘性土	1.40～1.45	0.90～1.00

〔(社)日本道路協会：道路土工施工指針（改訂版），丸善（1986）p.33 より〕

〔8〕 **土質と走行性**

ブルドーザーやショベルドーザーなどの施工機械を使って造成工事をするとき，施工機械の走行性（トラフィカビリチー）は土質に左右される（表1.4参照）。また，工事現場の土の含水状態によっても走行性に影響が出る。

東京港の臨海埋立地の公園工事現場は，建設残土による埋立地で，水はけが悪いところが多く，湿地ブルドーザー（swamp bulldozer）がよく活躍していた。湿地ブルドーザーはクローラー（キャタピラー）の幅が特に広く製作されていて，車体の重量を地面に広く分散させ接地圧を小さくすることができ，軟

弱な地盤でも走行しやすい。

1.2.2 土工に際して

宅地造成地の多くは起伏に富む丘陵地であり，そこでは切土が発生することが少なくない。

東京の山の手の土質は関東ロームであり，植栽にはそう悪くない土である。植栽のための客土は，植込み地全体に客土する全面客土よりは，樹木1本ずつの根元につぼ（壺）掘り客土を行うことが多い。

客土用の赤土，黒土は専門業者から購入する。東京付近では川崎市，厚木市にそうした業者がいて，土の伝票や出荷証明はその業者が出してくれる。

現場で発生した土は，埋戻しに使う土を除いては場外に搬出する。産業廃棄物中間処理業者が管理する中間処理場，すなわち指定処分地へ残土を運ぶ。土の処分は有料であり，小口の残土の場合，平均6000円/m³（平成14年3月現在）である。役所の工事であれ，民間の工事であれ，残土処分証明書を要求される。公道に土をこぼしてはならないことは当然であり，ダンプトラックの荷台にはシートを掛けて土を搬送する。

少量の発生土ならば，残土処理に回すよりは，現場合せで小さな築山風に盛土施工するとよい。

法面を整形して後，土羽板（どは）を作り，土羽打ち（法面をたたく）する。

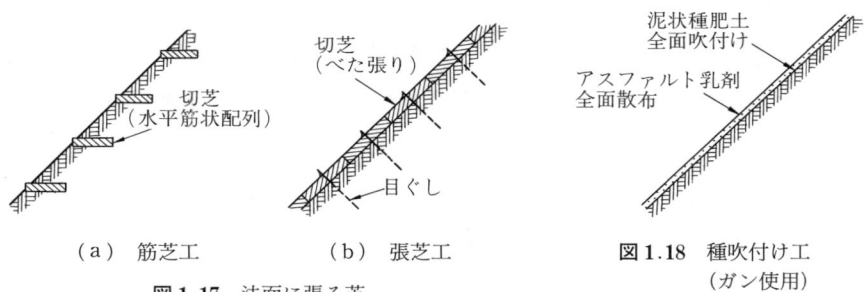

(a) 筋芝工 (b) 張芝工 図1.18 種吹付け工
図1.17 法面に張る芝   （ガン使用）

〔(社)日本道路協会：道路土工―のり面工・斜面安定工指針（改訂版），丸善（1979）p.133 より〕

1.2.3 法面の緑化

法面には芝を植え付けることがある。芝には筋芝(すじしば)と張芝(はりしば)の技法がある（図1.17）。

また，法面に種吹付けをすることがある。このときは種，土，肥料に水を加えて泥状として法面に吹き付ける（図1.18）。

1.3 コンクリート

1.3.1 コンクリートと建設

コンクリートは現代の建設工事に欠くことができない材料であり，造園技術者としてもコンクリートの性質はよく理解しておきたい。土木・建築の技術者はよいコンクリートを打つことを誇りにしているが，造園技術者も植栽はもとよりコンクリートにも愛着をもつようにしたい。

コンクリートは工事現場では主に専門の製造工場から購入するレディーミクストコンクリート（ready-mixed concrete，生コンクリートいわゆる生コン）を取り扱うことになる。生コンの規格は，コンクリートの強度，スランプ値，骨材の最大粒径で示される。これらは日本工業規格（JIS）に基づいている。

いずれにしても現場では，まだ固まらない状態のコンクリート，すなわちフレッシュコンクリート（fresh concrete）を扱う技術の水準が問われることになる。

なお土木学会編集の「コンクリート標準示方書」はコンクリートに携わる技術者が一度は目を通しておきたい書物である。数巻にわたる大部であり，頻繁に改訂されている。

1.3.2 コンクリートの配合と強度

コンクリートは複数の材料を練り混ぜて製造するもので，セメント，細骨材（砂），粗骨材（砕石），水，必要に応じて混和材料を混ぜ合わせる（図1.19）。これらの材料の配合比は，コンクリートを使う場所に応じて求められる

画面左から右へバケツの中は細骨材，粗骨材，セメント。
図 1.19 コンクリートの原材料

品質が得られるようあらかじめ定められており，示方配合（specified mix）と呼ばれる。コンクリートから粗骨材を除いたものはモルタル（mortar）という。

なお細骨材・粗骨材は粒径により一般に 5 mm を主な境として区分する。

かつては少量のコンクリートならば，工事現場で小型のミキサーを使ったり，スコップで手練りをしたりして作ることがあった。この場合のコンクリートの材料の配合比は，現場配合（job mix ; field mix）と呼ばれた。

〔1〕 **コンクリートの硬化**

コンクリートが固まるのは，セメントに含まれている成分が水と反応して化学変化をおこし凝結・硬化する，セメントの水和作用（hydration）と呼ばれる性質を利用している。水和作用は化学変化であるから，一定の温度が保たれていなければその作用がうまく進まない。寒中・暑中のコンクリート施工に気を配るのは，このためである。

コンクリートの強度に，細骨材と粗骨材の強度が深くかかわることはいうまでもない。コンクリートにとってはまず骨材が堅ろうなものでなくてはならない。

細骨材と粗骨材の強度が定まっている場合，硬化後のコンクリートの強度を左右する最大の要素は，配合される水の量であり，水の量が多くなるほどコンクリートは硬化後の強度が低くなることが知られている。これは「水セメント比（water-cement ratio）説」と呼ばれている（**図 1.20**）。

18　　1．造園建設と基本の技術

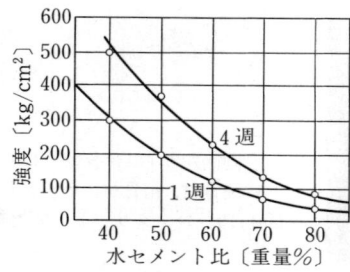

図1.20 水セメント比とコンクリート強度の関係〔狩野春一・仕入豊和・向井　毅：入門建築材料，実教出版(1976) p.29より〕

〔2〕 スランプ試験

　スランプ試験は，**図1.21**のような高さ30 cmの金属製のスランプコーンにフレッシュコンクリートを所定の方法で突き込み，コーンを取り外したときに中のコンクリートがコーン上端から何cm下がったかというスランプ値を計測する品質管理試験（JIS A 1101）である。生コンクリートのコンシステンシー

図1.21 スランプ試験器具一式

表1.6 レディーミクストコンクリートの種類〔JIS A 5308〕

コンクリートの種類	粗骨材の最大寸法〔mm〕	スランプ〔cm〕	呼び強度									
			16	18	21	24	27	30	33	36	40	曲げ4.5
普通コンクリート	20，25	8，12	○	○	○	○	○	○	○	○	○	—
		15，18	—	○	○	○	○	○	○	○	○	—
		21	—	—	○	○	○	○	○	○	○	—
	40	5，8，12，15	○	○	○	○	○	○	—	—	—	—
軽量コンクリート	15，20	8，12，15	—	○	○	○	○	○	○	○	—	—
		18，21	—	○	○	○	○	○	○	○	—	—
舗装コンクリート	20，25，40	2.5，6.5	—	—	—	—	—	—	—	—	—	○

注：呼び強度16は平成11年10月1日から廃止

(consistency）という性質は水量が多いほど軟らかく，スランプ値は大きくなる。スランプ値はコンクリートの規格を示す値の一つである（**表1.6**）。

〔3〕 **ワーカビリチー**

水量の多いフレッシュコンクリートは練りやすく，型枠の中に充填する作業もやりやすい。砕石や砂をセメントと水で練り混ぜたものであるから，フレッシュコンクリートは重く作業が容易なものではないが，その作業しやすさを表す性質がワーカビリチー（workability）である。しかし前述のように，水の量が多くなるほどコンクリートは硬化後の強度が低くなることが知られている。そこで現場技術者はフレッシュコンクリートの施工しやすさと，施工後のコンクリート強度の間で板挟みになる。

建築技術史の大家であるM氏の随筆に次のようなエピソードが書かれていた。M氏は建築技術史を多年にわたり研究していたが，自分ではコンクリートを練ったことはほとんどなかった。自邸の日曜大工でコンクリートを手練りしたところ，コンクリートに水を多くしてはならないと知ってはいたが，練るのも打つのも大変で，水を多くしてはという悪魔のささやきが聞こえてきた，ということであった。

〔4〕 **コンクリートの養生と強度**

コンクリートは徐々に硬化し，強度を増していくが，硬化する期間は原則的に養生が必要である。生コンクリート打設後，何日たったかを示すのが材齢であり，その日のコンクリートの強度を材齢〇日強度という。通常，28日（4週）強度が品質の目安になっているが，7日（1週）強度も参考にされる。

コンクリートの強度を検査するために試験室でテストピースを作成する。圧縮強度測定用には円筒形（JIS A 1108）（**図1.22**），曲げ強度測定用には直方体（JIS A 1106）（**図1.23**）の小さなモールド（型枠）にフレッシュコンクリートを詰める。舗装用のコンクリートは曲げ強度を測定し，それ以外の構造物では圧縮強度を測定する。

コンクリートが凝結した状態になったらモールドを外し，テストピースだけを所定の材齢に達するまで試験室の温水プールの中に入れておく（**図1.24**）。

図1.22 コンクリートの円筒形テストピース（圧縮強度試験の状況）

図1.23 コンクリートの直方体テストピース（曲げ強度試験の状況）

画面中央6個の円筒型枠の中のフレッシュコンクリートは凝結後，画面の下の水槽に沈められ，硬化するまで養生される。
図1.24 コンクリートテストピースの湿潤養生

テストピースは温水プールの中で硬化するが，これはコンクリートの理想的な養生の状態である。コンクリートの養生はまずコンクリートを湿潤状態に保つことが第一であり（湿潤養生），温度をある一定の条件に保つことも大切である（温度養生）。

工事現場ではむろん試験室の温水プールのようにはいかないが，なるべくそれに近い状態にすればよいコンクリートができることになる。

表1.7 型枠および支保工存置期間の大体の目安

セメントの種類＼部材の種類	部材側面の型枠および支保工	部材底面の型枠および支保工	スパンが6m未満のアーチのセントル	スパンが6m以上のアーチのセントル
普通ポルトランドセメント	2〜4日	6〜7日	10〜15日	14〜21日
早強ポルトランドセメント	1〜2日	3〜4日	7〜10日	8〜14日

〔大内・秋元・小原・小県：新版コンクリート工事ポケットブック，山海堂（1976）p.217より〕

1.3 コンクリート

コンクリートの養生期間はコンクリートを使う部材や季節によって異なるが，その期間は型枠を外さないでおくのがよい。型枠を外さずにおく型枠存置期間は，表1.7のようである。民間の現場で，型枠をごく早く外しているのを見ることがあるが，よいこととはいえない。

現場のコンクリートの養生には，土木シート（ブルーのシート）で覆う，ぬれむしろで覆う，ときどき散水するなどの方法がある。

1.3.3 型　　　　　枠

型枠板（堰板）には，木製，鋼製，アルミニウム製，紙製など各種ある。材質により工事現場で繰返し使える回数（転用数）が異なり，鋼製，アルミニウム製は転用数が多い（表1.8）。表面に光沢をもっているか，木目があるかな

表1.8 型枠材料別の特質と標準転用数

	利　　点	欠　　点	標準転用数
木　製　型　枠	加工が容易 保温性，吸水性を有す	強度，剛性が小 耐久性が少 セメントペーストが漏出しやすい	3〜4回
合　板　型　枠	コンクリートの仕上り面がきれい メタルフォームより加工性良 経済的	メタルフォームに比べて転用数が少	4〜8回
メタルフォーム	転用数多 組立解体が容易 強度が大	加工性がない 保温性が悪い さびが出やすい	30回以上
アルミニウム合金型枠	メタルフォームに比べて軽 転用数が多 赤褐色のさびが出ない	高価 メタルフォームに比べて剛性が小 コンクリートが付着しやすい	50回以上
プラスチック型枠	軽 複雑な形状のものを量産できる 透明のものも作れる	衝撃に弱い 比較的高価 熱，太陽光線に対して不安定	20回以上

〔大内・秋元・小原・小県：新版コンクリート工事ポケットブック，山海堂（1976）p.202 より〕

ど型枠板内側の表面は，型枠を外した後のコンクリート表面の状態を決定する。

複雑な形をしたオリジナルデザインの構造物の型枠には，木製が加工しやすくてよい。木製型枠は保温性も優れており，冬場のコンクリート工事には利点になる。コンクリート表面に鮮やかに木目模様を見せるなどの技法（図1.25）もあり，型枠板の選択には配慮が要る。

図1.25　型枠の板によりコンクリート表面に現れた木目

型枠を組み立てるには，ばた角と呼ばれる角材や，鋼管（パイプばた）などを用いる。フレッシュコンクリートが型枠に打ち込まれると，型枠には相当な荷重が加わるので，丈夫に組み立てられる必要がある。コンクリート打設後も型枠が当初の形を保つよう，セパレーターを用いて補強する（図1.26）。

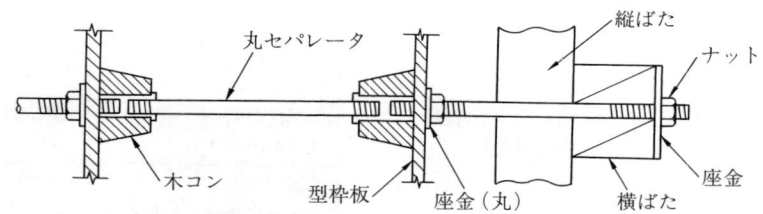

図1.26　型枠におけるセパレーター使用の一般形〔橋場信夫：建築用語図解辞典，理工学社（1970）p.22より〕

1.3.4　コンクリートの打設

型枠の中にフレッシュコンクリートを充填することを打設というが，留意すべき事項が少なからずある。

1.3 コンクリート

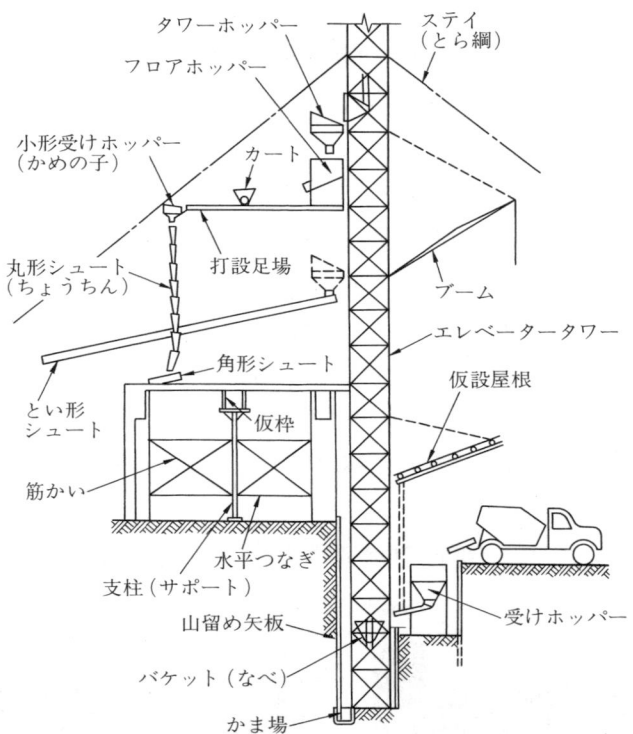

この図の状況は仮設工事が大がかりで古典的なものであるが，縦シュート，斜めシュートの意味がわかりやすいのでここに示す。

(a) コンクリートタワー〔橋場信夫：建築用語図解辞典，理工学社（1970）p.23 より〕

(b) 斜めシュート

図1.27 シュート

運搬時間　トラックミキサー（truck mixer，ミキサー車ともいう）によるレディーミクストコンクリートの運搬時間には上限が定められており，外気温が25℃を超えるときで1.5時間，25℃以下のときで2時間を超えてはならない。

シュート　フレッシュコンクリートを型枠にスムーズに流し込むためには，フレッシュコンクリートの供給口から型枠まで届く溝状あるいは筒状のシュート（chute），またはコンクリートポンプ車の筒が必要である。シュートには「斜めシュート」，「縦形シュート」，「丸形シュート（ちょうちん）」など各種ある（**図1.27**）。縦形シュートは，高いところからフレッシュコンクリートを打ち込む場合に用いるが，コンクリートがゆっくりと下へ落ちていくようになっている。それは，高いところからコンクリートを一挙に落としては，材料分離をおこすおそれがあるからである。

今日ではコンクリートポンプ車が活躍することが多い（**図1.28**）。

（a）コンクリートポンプ車（画面右）による建築物のコンクリート打設

（b）コンクリートポンプ車による鉄筋コンクリート池底の打設

図1.28　コンクリートポンプ車による打設

材料分離　フレッシュコンクリートはセメント，砂，砕石，水が均等に練り混ぜられている状態で硬化してこそ強度を発揮する。砕石だけが片寄ってセメントと砂が少ないまま硬化したところがあると，その部分には十分な強度が期待できない。フレッシュコンクリートの材料分離はいろいろなケースでおきる。例えば一輪車でフレッシュコンクリートを小運搬するとき，がたがた振動

を与え続ければ，一輪車のバケットの底に砕石が集中してしまう。高いところから型枠にフレッシュコンクリートを投げ落とすようなことをすれば，砕石が下の方に集中してしまう。そういうことがないように各種のシュートやコンクリートポンプ車を用いるのである。韓国ソウル市のデパートのビルが営業中に突然崩壊し，多数の死傷者を出した大惨事は世界を震撼させたが，事故原因の一つとしてコンクリートが材料分離をおこしていたことが知られている。

コールドジョイント　トンネルのコンクリート壁の崩落事故でよく知られるようになった用語である。コンクリートを打ち込むブロックを分けている場合は，隣接のコンクリートがまだ固まらないうちに，次のコンクリートを打ち込んで，一緒にバイブレーター（vibrator）で締め固めるのが原則である。隣接のコンクリートがすでに固まり始めている場合，新たに打ち込まれたコンクリートとの接触面をコールドジョイント（cold joint）という。コールドジョイントは避けなければならない。

1.3.5　寒中・暑中コンクリート

コンクリートには現場の状況に対応した呼称があるが，次に示すのはその例である。

寒中コンクリート　コンクリート打込み後24時間以内に気温が4℃以下に低下すると予期される場合などは，「寒中コンクリート」と考え，骨材の加熱，養生などの対策を立てる。

暑中コンクリート　気温の高い季節に施工するコンクリートのことであり，骨材を長時間炎熱にさらさない，コンクリートの打込み温度を30℃以下にする，養生などの対策を立てる。

施工に際して季節による気象条件に配慮して養生しなくてはならないのは，植栽だけではなく，コンクリートを扱う工種でも同様である。

1.3.6　セメントの種類

コンクリートの性質は原料のセメントの性質に左右される。セメントの種類

26   1. 造園建設と基本の技術

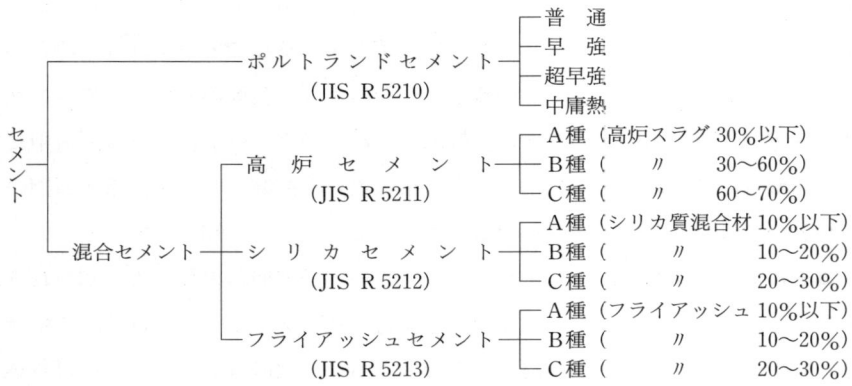

図 1.29 セメントの種類〔大内・秋元・小原・小県：新版コンクリート工事ポケットブック，山海堂（1976）p.2 より〕

には図 1.29 のようなものがある。

1.4 丁張・遣形と測量

　工事現場では図面に表現された地割や，各種施設，建物，植栽の位置を，実際に地上に表さなければならない。そのために仮設物として設けられるのが木製の丁張や遣形であり，それらは現場における縦・横・高さの位置を示す定規のようなものである。それらを設ける技術の基本は測量技術である。

　測量技術の詳細は専門書に譲るが，工事現場での測量は応用編というべきもので，経験を積めばできるようになるものである。丁張や遣形を設けることは測設といわれることもある。文字どおり測って設けるわけである。

　なお工事に先立つ現況測量，工事の完了に伴う竣功測量があるが，これらは測量技術そのものの内容である。

1.4.1 位 置 出 し

　工事現場で「位置出し」と呼ばれる技術の内容は，直線を延長する（現場では「通りをとる」ともいう），距離を出す，角度を出す，高さを出すことに大

別される。

1.4.2　丁張・遣形を作る

丁張・遣形（**図1.30**）を作るには次のような部材と器工具を使う。

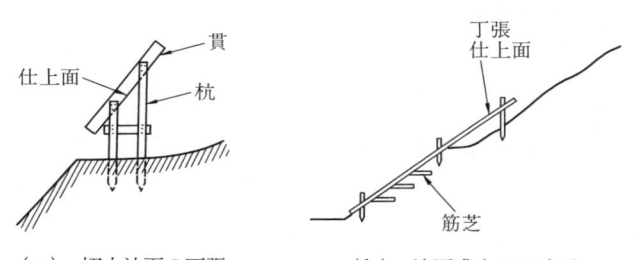

（a）切土法面の丁張　　　（b）法面盛土工の遣形

図1.30　丁張・遣形の例〔(社)日本道路協会：道路土工―のり面工・斜面安定工指針(改訂版)，丸善(1986) p.138, 167 より〕

杭　地面に縦に打ち込まれて丁張を支える部材で，この杭は動かないように強固に打ち込まれる必要がある。水杭ということもある。

貫　斜めあるいは水平に杭に打ち付けられて勾配や高を示す部材を貫という。正確に水平に設置されて，高さを示す部材を特に水貫というが，水貫そのものが設計図どおりの高さを示すとは限らず，そこから〇m下に設計上の高さがあることを示す場合もある。

水糸　杭から杭あるいは貫から貫へ張り渡し，高さと勾配を示す糸で，設計図の高さそのものを示す場合と，糸から下に設計上の高さを示す場合がある。いずれにしても水糸に従って忠実に施工をするものであり，水糸が水平に張られているならば，出来上がったものも水平である。

釘　水糸を張るために杭や貫に打ち付けるときに用いる。

器工具　丁張・遣形を設置する際には測量器具のほかに水平器（**図1.31**），スラントルール（slant rule，勾配計）（**図1.32**）などの測定器具，掛矢（**図1.33**），金づち，のこぎりなどの道具，糸で墨を打つための墨つぼ（壺），文字や記号を記入するための油性インクなどが必要になる。

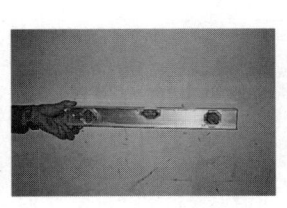

図1.31　水　平　器　　　図1.32　スラントルール　　　図1.33　掛　　矢

1.4.3　平面図の距離と角度

設計図の平面図に示されている距離と角度は，特記のない限り水平距離（巻尺を水平にして測った距離）と水平角である。

1.4.4　測　量　器　具

代表的な測量器具には次のようなものがある。

巻　尺　距離を測る道具で，スチール製，エスロン製，布製などがあるが，スチール製巻尺は最も精度が高い。巻尺を使うときは一定の力で張ることが大切である。測距作業には最低二人が必要である。

ポール　赤白に20cmずつ塗り分けられた長さ2mの丸い棒であり，一方の先端は円錐状にとがっている。ポール（pole）を鉛直に立てながら，とがった先端で測点を指し示し，測点の位置を明示するのに使う。赤白20cmずつに塗られているからおおよその距離の測定にも使える。

レベル　レベル（level）は高低差を測るための光学器械であり，三脚の上に取り付けて使う。鉛直に立てる標尺（スタッフ）とともに用いる。レベル測量には標尺をもつ者と，レベルの望遠鏡で標尺の目盛りを読み取る者が必要である。

トランシット　トランシット（transit）は角度を読み取る光学器械であり，三脚の上に取り付けて使う。トランシットの測れる角度は水平角と鉛直角である。トランシットは巻尺，ポールとともに用いる。トランシット測量には，トランシットを測点1に据え付けた後，ポールをもって測点2，3を指し示す者

（ポールマン）と，ポールマンが指し示す二つの測点とトランシットを据え付けた測点1のなす角度を読み取る者が必要である。また測点間の距離は巻尺で測る。

トータルステーション　光波により，距離，角度ともに瞬時に測定できる最先端の測量器械であり，三脚の上に取り付けて使う。光波を反射する反射鏡とともに用いる。測点1にトータルステーション（total station）を据え付け，測点2に三脚に取り付けた反射鏡を据え付け，トータルステーションの望遠鏡で反射鏡を見て，光波により距離を測定する。角度を測るには測点2，3に反射鏡を据え付けておく。

平　板　平板（plane table）は測量した平面図を野外で描ける簡易な測量器具で，小さな現場で，施工前の現況図，施工後の竣工図を描くのに便利である。丁張や遣形を設けるためには使わない。平板には図紙を張り，三脚に取り付け，図根点の上に据え付ける。測点を指し示すポールを，平板の図紙の上に置いたアリダード（alidade）で見て，方向を確定する。図根点と測点の距離を巻尺で測り，縮尺に従って図紙に測点を描く。アリダードを見て図を描く者と，ポールマンが必要である。

(a)　東京都道　　　　　　(b)　世田谷区道

いずれも画面下のプレートの矢印の先端が境界。

図1.34　境　界　杭

1.4.5 境界

工事に先立って敷地あるいは工事区域の境界を明確にしておかなくてはならない。それには発注者側の責任者に立ち会ってもらい、境界杭を確認することが必要である（図 1.34）。

1.4.6 ベンチマーク

標高は国で設けた水準点から求められるが、ベンチマーク（bench mark, BM）は工事現場の高さの基準にする点であり、発注者側の責任者に指示してもらわなくてはならない。工事現場内に仮に設ける高さの基準点を仮ベンチマーク（KBM）という（図 1.35）。ともに大切なものであるから、施工中に破損することなどないように気を付ける。工事中、水準測量（レベル測量）の高さの基準となる。

三角の枠の中に頭だけ見えている：白矢印の先。
図 1.35　仮ベンチマーク

1.4.7 高さを設ける

レベルという器械の本質は、視覚的に水平線を作りだすものである。レベルの水平線から見て 2 点間の高低差を比べるのであるが、そのためには、レベルを水平に据え付けることが前提になるのはいうまでもない。なお、レベルは二つ以上の測点が見通せるところに据え付ければよいので、測点上に据え付けることはない。

設計図に示されている高さは、一般的に標高であり、15.538 m のようにメートル単位で小数点第 3 位、すなわちミリメートルまで示されることが多い。

1.4 丁張・遣形と測量

レベルを見る者が標尺を視準するときは，十字線を浮き立たせてピントを合わせる。標尺の目盛りは 5 mm 刻みであるが，5 mm の中を目測で 1 mm 単位まで読み取る（**図 1.36**）。なお標尺をもつ者は，標尺を鉛直に立て，ゆっくり前後に揺らす。レベルを見る者は，前後に揺れる標尺の目盛りの値が最小になるときに，目盛りを読み取る。

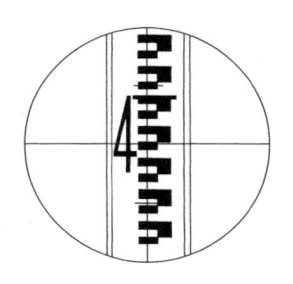

図 1.36 レベルの望遠鏡による標尺の視準

とんぼと呼ばれる丁張は**図 1.37(a)** のようにごく単純なものであるが，杭に打ち付けられた短い水貫の天端は，設計図に示された高さを表す。その作り方は杭に高さの印を付け，そこに貫板の天端を合わせて打ち付ける。水貫には設計図に示された高さの数値を油性インクなどで記入する。なお杭は，設計平面図に示された縦横の位置に合わせて打ち込まれている。ある現場のとんぼの杭に，設計図の高さ 10.300 m を示す場合の例を述べる〔**図 1.37(b)**〕。

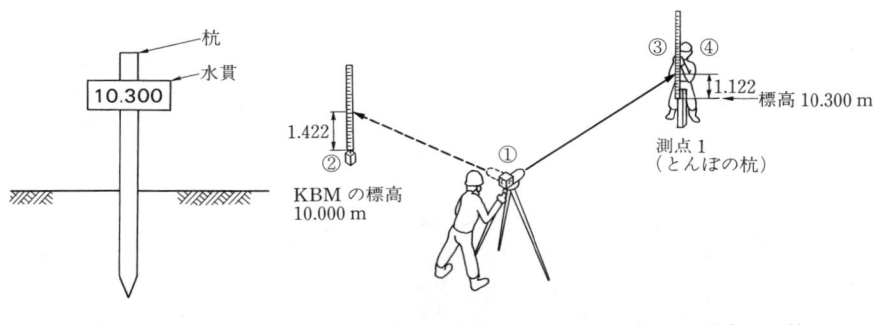

(a) とんぼ

(b) KBM の高さ 10.000 m に基づき測点 1 の杭に高さ 10.300 m を設ける

図 1.37 とんぼの作り方

① 現場内で，仮ベンチマーク（KBM）と丁張をともに見ることのできる場所にレベルを据え付ける。

② 仮ベンチマークの標高は 10.000 m である。まず，そこに標尺を立てる。レベルで仮ベンチマーク上の標尺を視準したら，1.422 m と読み取れた。

$$10.000 \text{ m} + 1.422 \text{ m} = 11.422 \text{ m}$$

よってレベルの望遠鏡の中に作りだされた水平線の標高（器械高）は 11.422 m である。

③ 丁張の杭に示すべき高さ 10.300 m は，器械高からどれだけ下にあるのであろうか。

$$11.422 \text{ m} - 10.300 \text{ m} = 1.122 \text{ m}$$

そこで標尺をもつ者は，丁張の杭に接して標尺を立て，レベルを見る者が 1.122 m と読み取れるように，レベルを見る者の指示によって標尺の高さを上下する。

④ そのとき標尺をもつ者が，標尺の下端に合わせて杭に印を付ければ，それが標高 10.300 m の設計図に示された高さである。

なお水貫の天端が設計図に示された高さなのであるから，造成が出来上がるとき水貫の天端は土の面すれすれになっている。

1.4.8 法 定 規

盛土は一定の勾配で設計されていることが多い。一定の勾配で盛土を造成するために法定規と呼ばれる丁張が設けられる（図 1.38）。離れた 2 本の杭に長

縦と横の標尺は法の高さと幅を示す証明用に写し込んだもの。斜め部材が法定規。
図 1.38 法 定 規

い貫板を打ち付け，その貫板の天端によって造成する法面の線を示すものである。2本の杭は盛土の法肩と法先，つまり法面の最高点と最低点の位置を示す。杭に貫板を打ち付ける高さの求め方は前述のとんぼのときと同様である。貫板の天端が設計図に示された高さなのであるから，造成が出来上がるとき貫板の天端は土の面すれすれになっている。

1.4.9 直線の延長

正確に直線を長く作りだす作業である。現場ですでに設けられている測点1と測点2があり，それを結ぶ直線を更に延長するための測点3を設ける例について説明する。

トランシットを測点1に据え付けて，望遠鏡で測点2を視準し，測点2の延長上に更に遠くを視準して測点3を設ける。測点2と測点3の間隔が定められているときは，測点2から測点3までの距離を測定しながら測点3を設ける。あるいは図1.39のようにトランシットを測点1に据え付けて，望遠鏡で測点2を視準し，望遠鏡を反転させて測点3を設ける。

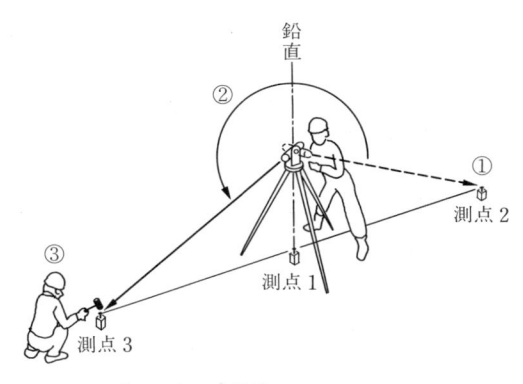

① 測点2を視準
② 望遠鏡を反転
③ 望遠鏡の視野の十字線に従い
　杭と釘を打ち測点3とする

図1.39 測点1，2を結ぶ直線を測点3まで延長

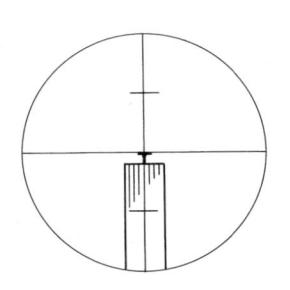

図1.40 望遠鏡により杭頭の釘を視準

なおトランシットの望遠鏡で測点を視準するときは，**図 1.40** のように十字線を浮き立たせてピントを合わせ，十字線の中心を測点上の釘の頭に合わせる。

1.4.10 角度を設ける

正確に角度を作りだす作業にはトランシットを用いる。角度は60進法であり，時計の時刻の表示と同様に分秒の単位が用いられる。例えば45度30分20秒という具合であるが，これを測量では 45°30′20″ と表記する。トランシットは水平角だけでなく鉛直角も測定できるよう，水平目盛りと鉛直目盛りを備えている。ただし測点1，2，3のなす水平角を正確に読むためには，少なくとも

① トランシットが正確に水平に測点1の上に据え付けられている
② トランシットの器械の縦軸が測点1の上に正確に鉛直に据え付けられている
③ トランシットの望遠鏡の十字線が浮き立ち，ピントが合っていて，正確に測点2，3を視準している

ことが必要である。

現場にすでに設けられている測点1と測点2があり，それを結ぶ直線から右

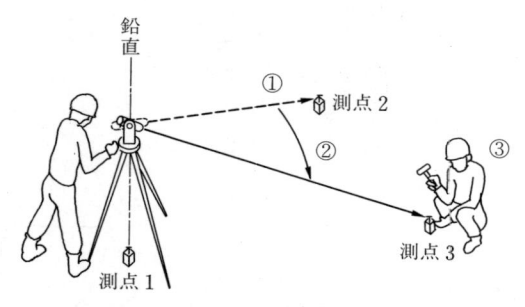

① 望遠鏡で測点2を視準（角度の読み 0°0′0″）
② 水平角を50°0′0″まで振る
③ 望遠鏡の視野の十字線に従い杭と釘を打ち測点3とする

図 1.41　測点1，2をもとに水平角50°で測点3を設置

回り 50° の角度に開いた直線を設けるため，測点 3 を設置する例について説明する（**図 1.41**）。

トランシットを測点 1 に据え付け，測点 2 を視準し，水平目盛りを 0°0′0″ にする。水平目盛りを右回り 50° に合わせる。そうすればトランシットの望遠鏡は右回り 50° に回転が済んでいるので，望遠鏡の十字線の中心に合わせて測点 3 を設ける。なお現場で，直角 90° を作りだすことを特に「かねふり」という。

1.4.11　管渠の遣形

管渠(かんきょ)の排水管を地下に埋設する工事には，ちょうど陸上競技のハードルのような形の遣形を，いくつも間隔をあけて設ける（**図 1.42**）。

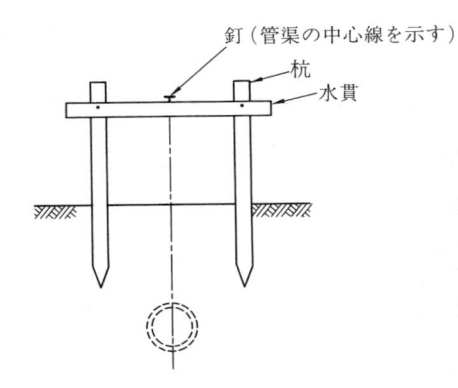

（a）遣形の詳細　　　（b）画面右下から左上にかけて掘削して遣形を設置

図 1.42　管渠の遣形

管渠の排水管は，位置，深さ（標高），勾配が正確に施工されていなくてはならない（**図 1.43**）。

2 本の杭は，排水管を埋設するために掘削する土の幅よりも外側に打ち込む。排水管を埋め戻すには，掘り返した現場の土ではなく，埋戻し用の砂を用いるが，その砂は断面図に示されているので，掘削する土の幅は当然その砂の幅よりも広くなる。

ヒューム管の施工状況。
図1.43　管　　渠

2本の杭に水貫を水平に取り付ける。水貫は，排水管の深さが，水貫の天端よりも何 cm 下になるかを示す目印になるものである。水貫の高さを決めるときはレベル測量を行う。貫板を水平に取り付けるには，水杭のどちらか一方で高さを決めて印を付け，そこに貫板を横に添え釘1本で仮止めし，水平器を貫板の天端に載せて貫板を水平に合わせ，もう一方の側の杭に釘止めすればよい。排水管を埋設するより先に，排水管より下に基礎として砕石やコンクリートを敷き均すが，水貫はその深さの目印にもする。

水貫の中央付近の天端に釘を1本打ち付けるが，この釘は管渠の中心の位置を示すものである。トランシットを用いて「通りをとる」方法で，水貫の上に釘の位置を決める。釘と釘を結んで水糸を張れば，水糸は管渠のセンターラインを示している。

1.5　仮設工と安全対策

1.5.1　造園の仮設資材

造園工事会社が所有していることが多い仮設資材は次のようなもので，工事現場の境界を示し，部外者の立入りを規制し，安全管理のために用いられる資材といえる。

安全柵（**A 形バリケード**，A-shaped barricade）　金属製，軽量の折たたみ式で，開いて側面から見るとAの字に見える。黄と黒のしま模様に塗られている。立て並べて工事現場の境界を示す（**図1.44**）。

1.5 仮設工と安全対策

画面左にA形バリケードが並べられている。
図1.44 安　　全　　柵

夜間工事に用いる投光機を保護。
図1.45 カラーコーンとコーンバー

トラロープ　黄と黒の模様のある合成繊維のロープで，現場に張り渡して，立入り禁止を示したりするなど用途は広い。

カラーコーン（color cone）　プラスチック製で赤い色の円錐状のコーンで，間をあけて立て並べ，工事現場の境界を示す。運ぶときには数多く重ね合わせられる（図1.45）。

コーンバー（cone bar）　カラーコーンに掛け渡して使い，工事現場の境界を示す（図1.45）。

次の資材はリースによるが使用頻度が高い。

歩み板　工事現場の土が軟弱であったり，段差があったりするときに下に敷いて使う鉄板など（図1.46）。

フェンスバリケード　金属製で，上半分はネットのフェンス（fence）状の資材で，黄と黒のしま模様に塗られている。立て並べて工事現場の境界を示す。現場の全周をフェンスバリケードで囲むこともある（図1.47）。

なお，公園などの工事で2か月以上掛かる現場の場合は，リースなどにより，次のように居住性にかかわる資材を仮設する。

仮設トイレ　各種の既製品がある。造園工事現場への女性の進出のためにも

38　　　1. 造園建設と基本の技術

図1.46　段差解消のための歩み板

図1.47　フェンスバリケードに囲まれた仮設橋の工事現場（多摩川）

欠かせない。

　仮設事務所　各種のプレファブ式のものがある。

　仮設水道・仮設電気　仮設事務所周辺に引いてくる。かつては仮設事務所に仮設電話を設けたものであるが，今は携帯電話を活用している。

1.5.2　造園と労働災害

　造園の工事現場でも労働災害は根絶しなければならない。しかし次のような労働災害がときに発生してしまうので注意を要する。

　手のけが　丁張作成のとき，ハンマーで釘を打つ際，手を滑らせて自分の手を打ってしまうことがある。また釘を打つときにハンマーで親指のつめを打ち，割ってしまうことがある。

　足のけが　物を落として安全靴の上方にぶつけてしまい，足に打ち身を作る。

　機械の転倒　小型バックホーが転倒し，運転者が運転席から落ちてしまうことがある。本来バックホーは，ショベルに付いているフックで吊作業をしてはならないものであるが，吊作業をして，吊荷が重すぎて転倒してしまうのである。バックホーのショベルのフックはワイヤを引っ張るためのものである。

2 みちと広場

2.1 舗　装　工

　舗装は軟弱な土の表面を舗装材で覆って，たとえ雨の降るときでも，歩きやすく，あるいは車両が走行しやすくするためのものである。我が国では舗装は寺社境内の石畳や玉砂利から始まったが，明治になって西欧の街路の技術を取り入れるまでは街路を舗装する考え方はなかった。それが今日では住宅の外構，都市公園，道路，至る所にカラフルな舗装があふれている。

　舗装に要求されるのは平たん性，耐久性，美観のほか，人間の歩行感，自動車の走行性のよさなどである。車両交通のある舗装は交通荷重に耐える構造が必要であるが，都市公園も規模が大きくなると救急車・消防車など緊急車両や管理用トラックなどの出入りがある。

2.1.1　舗装の構成と施工

〔1〕　舗装の種類

　舗装の主な種類には次のようなものがある。詳しくは 2.1.2～2.1.13 で述べる。

　　アスファルト舗装　流動性のあるアスファルト混合物を基層と表層に敷き均し，転圧して仕上げ，硬化させる。たわみ性舗装といわれる。

　　セメントコンクリート舗装　流動性のあるフレッシュコンクリートを表層に打設して仕上げ，硬化させる。剛性舗装といわれる。

コンクリート平板舗装　コンクリート平板を表層に敷き並べる。

インターロッキングブロック舗装　インターロッキングブロック（interlocking block）を表層に敷き並べる。

タイル舗装　基層のセメントコンクリート舗装の上に，表層としてタイル（tile）を張り付ける。

ダスト舗装　粒状・粉状の砕石ダスト（dust）を表層に敷き均し，転圧して仕上げる。

その他**れんが舗装**，石材を用いた**小舗石舗装**，**舗石舗装**，**石張舗装**，木材を用いた**木れんが舗装**，**まくら木**（枕木）**舗装**などがある。

〔2〕 **舗装の断面構成**

舗装の断面構成は**図2.1**に示すようなものである。

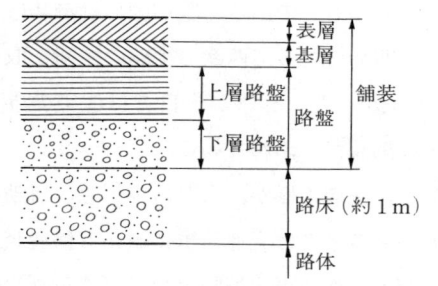

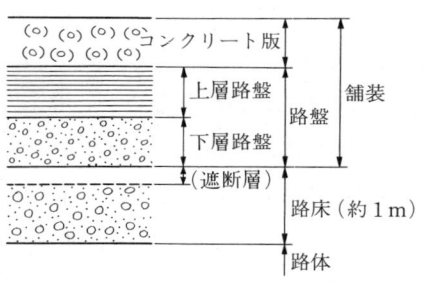

（a）アスファルト舗装〔(社)日本道路協会：アスファルト舗装要綱，丸善（1993）p.5より〕

（b）コンクリート舗装

図2.1　舗装の断面構成の例

表　層　舗装の表面の層。車両の走行性や人間の歩行感に直接かかわる。また景観への影響も大きい。

基　層　表層の下，路盤の上の層。

路　盤　路床の上に，砕石を敷き均し転圧した層。砕石にはクラッシャーラン（crusher-run）砕石，粒度調整砕石（ともにJIS A 5001）（**表2.1**），再生砕石などがある。

2.1 舗　装　工

表 2.1　道路用砕石の粒度〔JIS A 5001〕

種類	呼び名	ふるいを通るものの質量百分率〔%〕 ふるいの呼び寸法〔mm〕														
		100	80	60	50	40	30	25	20	13	5	2.5	1.2	0.6	0.4	0.3	0.15	0.075
単粒度砕石	S-80 (1号)	100	85〜100	0〜15													
	S-60 (2号)		100	85〜100	—	0〜15											
	S-40 (3号)				100	85〜100	0〜15										
	S-30 (4号)					100	85〜100	—	0〜15								
	S-20 (5号)						100	85〜100	0〜15								
	S-13 (6号)								100	85〜100	0〜15						
	S-5 (7号)									100	85〜100	0〜25	0〜5				
クラッシャーラン	C-40				100	95〜100	—	—	50〜80		15〜40	5〜25					
	C-30					100	95〜100	—	55〜85		15〜45	5〜30					
	C-20							100	95〜100	60〜90	20〜50	10〜35					
スクリーニングス	F-2.5										100	85〜100	—	25〜55	—	15〜40	7〜28	0〜20
粒度調整砕石	M-40				100	95〜100	—	60〜90	—	30〜65	20〜50		10〜30				2〜10
	M-30					100	95〜100	60〜90									
	M-25						100	95〜100	55〜85								

注：ふるいの呼び寸法は，それぞれ JIS Z 8801 に規定する網ふるいのもの

路　床　舗装の下の土で深さ1mほどの範囲を指す。現場の土がどれほどの荷重に耐えられるかを示すのが，路床土支持力比（California Bearing Ratio, CBR）である。CBRにより舗装の厚さも違ってくるが，それは設計上の問題である。設計図に舗装の断面が示されていても，現場の土に設計で想定されているCBRがあるかどうか，現場でCBR試験をすることがある。

〔3〕 **CBR 試 験**

CBR試験は，路床土に関して測定する場合と，路盤材の砕石に関して測定する場合があり，室内試験と現場試験がある。直径50 mmの貫入ピストンが，試験対象の路盤材料または路床土に0.25 cmだけ貫入するときの荷重と，標準荷重の比を百分率で表すものである。それらの試験によって求めたCBRはそれぞれ「室内CBR（乱さない試料）」,「室内CBR（乱した試料）」,「現場CBR」と呼ばれる（図2.2）。

修正 CBR　その材料が路盤材料に適するか否か決める場合に「修正CBR」が使われる。最大乾燥密度の95％になるように，最適含水比の状態で締め固めた供試体で測定する。

設計 CBR　舗装の厚さを設計するときに，路床土に関して「設計CBR」が

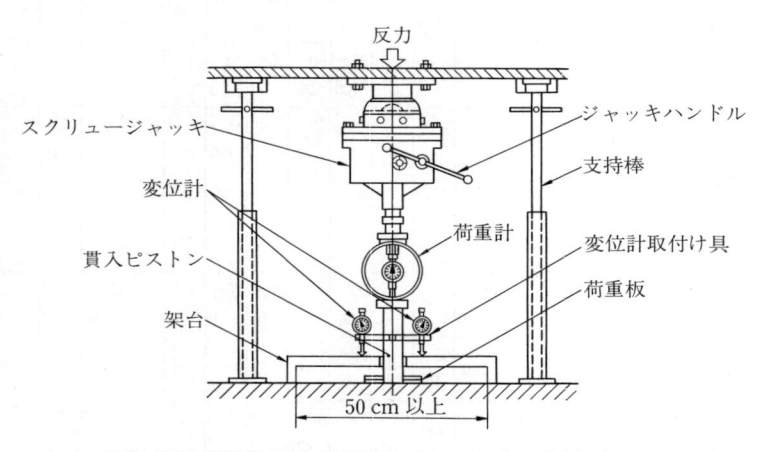

(a) 現場CBR試験機の例（貫入ピストンが土中へ貫入）〔JIS A 1222〕

図2.2　CBR　試　験

2.1 舗　装　工　　　43

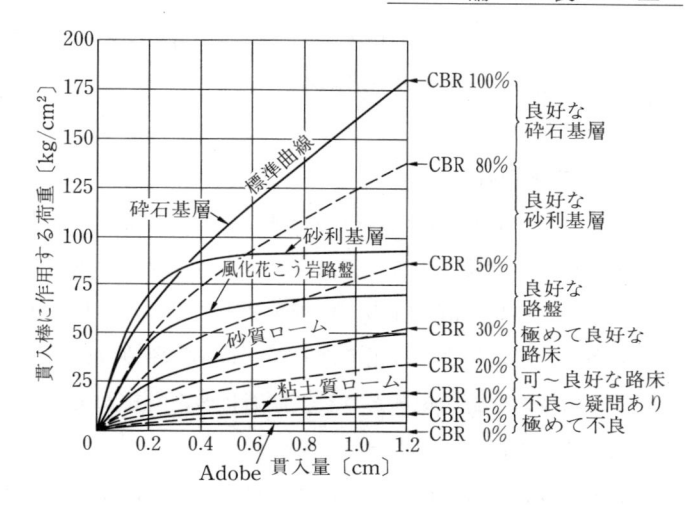

(b) 代表的な荷重-貫入量曲線〔内田一郎：新編道路舗装の設計法，森北出版（1976）p.50 より〕

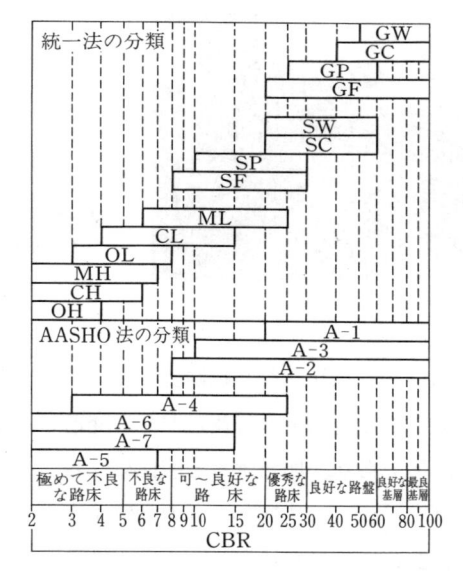

AASHO: American Association of State Highway Officials

(c) 土の種類と CBR との関係〔内田一郎：新編道路舗装の設計法，森北出版（1976）p.50 より〕

図 2.2　（つづき）

用いられる。含水量の変化によって路床土の支持力が低下する場合を想定したものであり，4日間水浸した供試体を用いる。

2.1.2 アスファルト舗装

路盤の上にアスファルト混合物（合材）を舗設するもので，平たん性の確保において今日最も優れた舗装である。アスファルトコンクリート（アスコン）舗装ともいわれる。しかし，信頼性の高い舗装技術になったのは，第2次世界大戦後のことである。日進月歩の技術であるが，日本道路協会の「アスファルト舗装要綱」がこの技術分野の規範とされ，同書は改訂を重ねて今日「舗装設計施工指針」，「舗装施工便覧」となっている。

アスファルト舗装は低廉な価格であり，車道はもとより，サイクリングロードや都市公園の園路にも広く用いられている（図2.3）。

図2.3 緑道のアスファルト舗装

〔1〕 アスファルト

アスファルトは原油からガソリンなどを精製した残渣である。アスファルト舗装はガソリンを燃料とする自動車の普及とともに発達した技術である。アスファルトは常温では固体であり，加熱すると液体になる。その性質を利用して骨材を結合させる役割をもつ。アスファルトの品質を表すものに針入度や軟化点がある（表2.2，図2.4）。骨材を結合させる役割をもつので，バインダーと呼ばれることもある。

〔2〕 アスファルト混合物

アスファルト混合物はアスファルトに骨材を加熱混合したもので，専門のア

表2.2 舗装用石油アスファルトの品質規格

項　目＼種類	40〜60	60〜80	80〜100	100〜120
針　入　度 (25℃) [mm^{-1}]	40を超え 60以下	60を超え 80以下	80を超え 100以下	100を超え 120以下
軟　化　点 [℃]	47.0〜55.0	44.0〜52.0	42.0〜50.0	40.0〜50.0
伸　　度 (15℃) [cm]	10以上	100以上	100以上	100以上
三塩化エタン可溶分 [%]	99.0以上	99.0以上	99.0以上	99.0以上
引　火　点 [℃]	260以上	260以上	260以上	260以上
薄膜加熱質量変化率 [%]	0.6以下	0.6以下	0.6以下	0.6以下
薄膜加熱針入度残留率 [%]	58以上	55以上	50以上	50以上
蒸発後の針入度比 [%]	110以下	110以下	110以下	110以下
密　度 (15℃) [g/cm³]	1.000以上	1.000以上	1.000以上	1.000以上

注：各種類とも 120, 150, 180℃のそれぞれにおける動粘度を試験表に付記すること
〔(社)日本道路協会：アスファルト舗装要綱, 丸善 (1993) p.47, 48 より〕

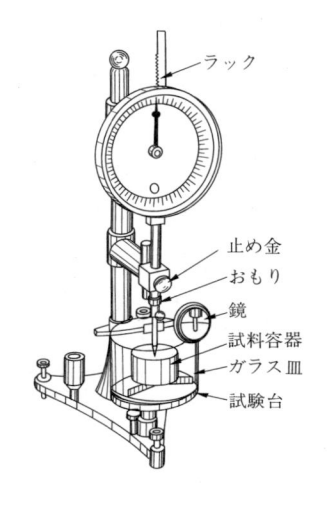

図2.4 アスファルト針入度試験器の例

スファルトプラントで製造される。その分類は骨材の粒度やアスファルト量によって決められる（**表2.3**）。

　アスファルト混合物はトラックで工事現場に搬入されるが，その敷均し温度は110℃以上でなければならない。冬の工事現場でアスファルト混合物から白く湯気が上がっているのはこの高温のためである。こうした現場で作業する者は当然安全靴を履いていなくてはならない。

表 2.3 アスファルト混合物の種類と粒度範囲

混合物の種類		① 粗粒度アスファルト混合物	② 密粒度アスファルト混合物	③ 細粒度アスファルト混合物	④ 密粒度ギャップアスファルト混合物	⑤ 密粒度アスファルト混合物		⑥ 細粒度ギャップアスファルト混合物	⑦ 細粒度アスファルト混合物	⑧ 密粒度ギャップアスファルト混合物	⑨ 開粒度アスファルト混合物
		(20)	(20)	(13)	(13)	(20F)	(13F)	(13F)	(13F)	(13F)	(13)
仕上り厚 [cm]		4〜6	4〜6	3〜5	3〜5	4〜6	3〜5	3〜5	3〜4	3〜5	3〜4
最大粒径 [mm]		20	20	13	13	20	13	13	13	13	13
通過質量百分率 [%]	26.5 mm	100	100			100					
	19 mm	95〜100	95〜100	100	100	95〜100	100	100	100	100	100
	13.2 mm	70〜90	75〜90	95〜100	95〜100	75〜95	95〜100	95〜100	95〜100	95〜100	95〜100
	4.75 mm	35〜55	45〜65	65〜80	35〜55	52〜72	60〜80	65〜80	75〜90	45〜65	23〜45
	2.36 mm	20〜35	35〜50	50〜65	30〜45	40〜60	45〜65	40〜65	65〜80	30〜45	15〜30
	600 μm	11〜23	18〜30	25〜40	20〜40	16〜33	40〜60	40〜65	40〜65	25〜40	8〜20
	300 μm	5〜16	10〜21	12〜27	15〜30	8〜21	20〜45	20〜45	20〜45	20〜40	4〜15
	150 μm	4〜12	6〜16	8〜20	5〜15	6〜11	10〜25	15〜30	15〜30	10〜25	4〜10
	75 μm	2〜7	4〜8	4〜10	4〜10		8〜13	8〜15	8〜15	8〜12	2〜7
アスファルト量 [%]		4.5〜6	5〜7	6〜8	4.5〜6.5	6〜8	6〜8	7.5〜9.5	7.5〜9.5	5.5〜7.5	3.5〜5.5

[(社)日本道路協会:アスファルト舗装要綱,丸善 (1993) p.92 より]

アスファルト舗装の耐久性を確保する上で骨材の品質は重要であり，アスファルト混合物を使用する場所により，骨材の粒度は異なる。

カラーアスファルトは着色したアスファルト舗装の総称であるが，アスファルト混合物に顔料（赤や緑）を混ぜたもの，有色骨材を配合したものなどがある（図2.5）。赤いカラーアスファルトは日本では東京オリンピック（1964年）のころから使われ始めた。

図2.5 青と白の骨材を用いたカラーアスファルト舗装

〔3〕 透水アスファルト舗装

雨水を地下に浸透させるため，透水アスファルト（開粒度）舗装の採用が多くなった。その簡易舗装の場合，基本的な施工手順は密粒度アスファルト舗装と同様である。雨水が路盤に入るのであるから，路盤の砕石層が軟らかくなるのを考慮して，砕石層を20 cm以上に厚くする必要がある。路盤に雨水が浸

図2.6 アスファルト舗装の透水試験状況

透しにくくなるので，路盤砕石上に乳剤は散布しない（**図2.6**）。なお再生砕石は透水アスファルト舗装では使用しない。

表層がいわばすきまだらけなので雨水を透すのであるが，月日がたてば砂や泥がすきまに入って，やがて目詰まりをおこす。したがって定期的にすきまの砂や泥を除去する維持管理を行う必要がある。そのため専用の作業車両が開発されている。

〔4〕 **アスファルト舗装の施工**

アスファルト舗装の施工は，まず路床，路盤を強固に施工することが肝要である。路床，路盤の施工には振動ローラーが活躍する。アスファルト舗装の基層や表層の施工には，アスファルトフィニッシャー（asphalt finisher）が欠かせないが，それはオペレーターとともにリースされることが多い。したがって，造園会社側からそのオペレーターに的確な指示が出せれば，施工はできるわけである。アスファルト混合物は加熱された状態で工事現場までダンプトラックで運び込まれ，それがアスファルトフィニッシャーに供給，敷き均され，転圧締固めされる。アスファルト混合物は温度が下がれば流動性を失ってしまうので，合材の現場着温度は厳しく管理される。

アスファルト舗装の施工で最も肝要なのは，次のような点である。

① 路盤，基層，表層の各層の厚さが確保されていること。上の層になるほど厚さに高い精度が要求される。
② 舗装の各層がよく締め固められていること，いいかえれば各層の密度が確保されていること。締固めに活躍するのは，振動ローラーや小さなコンパクター（compacter）である。
③ 表面の平たん性が確保されていること。このことは自動車や自転車の走行性を考えれば当然のことである。平たん性を測定する専用の機器もある。ただし表面の排水勾配は確保されていなくてはならない。水たまりができるなどは論外である。

〔5〕 **アスファルト舗装のコア採取**

アスファルト舗装の検査に欠かせない項目である。出来上がったアスファル

2.1 舗　装　工　　49

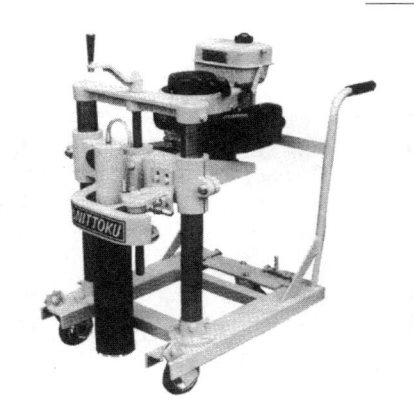

図 2.7　コアカッター
〔(株)サンペイのカタログより〕

ト舗装から，専用のコアカッター（core cutter）で直径 10 cm の円筒形に，アスファルト混合物の表層・基層を合わせてカットして，コアを採取するものである（図 2.7）。車道でもサイクリングロードでも少し注意して見れば，舗装面に丸い跡が付いているが，これはコアを採取し埋め戻した跡である。

そのコアにより検査する項目は次のものであるが，第三者の試験機関あるいはアスファルトプラントの試験室で，発注者側責任者の立会いの下に検査する。

① 表層・基層の厚さ　設計図に示された各層の厚さが，施工現場で確保されたか計測する。
② 密度　所定の締固めの度合いになっているかを測定する。
③ アスファルト量　アスファルト混合物は加熱すれば再び流動性をもつ。コアを加熱し，アスファルトと骨材を遠心分離して，コアに含まれるアスファルトの量を測定し，所定の配合になっているかを調べる。
④ 骨材の粒度　アスファルトと分離した骨材の粒度を測定し，所定の配合になっているかを調べる。

2.1.3　セメントコンクリート舗装

セメントコンクリート舗装（以下，コンクリート舗装）は路盤の上にコンクリート版を舗設するものである（図 2.8）。低廉な価格であり，車道をはじめ，

図2.8 コンクリート舗装
（ポートランド市の河畔公園）

図2.9 コンクリート舗装の杉板の目地

都市公園の園路や住宅庭園にも用いられている。仕上げに平たん性が要求されることはいうまでもない。コンクリート舗装に用いられるコンクリートには，曲げ応力に対する強度が要求される。

　コンクリート舗装の施工には型枠が用いられ，施工後のコンクリートには養生期間が必要である。舗装の表面の造園的な仕上げ方には，金ごて仕上げ，ほうき目仕上げ，レーキ（rake）仕上げなどがある。

　コンクリート舗装には伸縮目地を設ける。それはアスファルト舗装とは異なり，コンクリート版は寒暖により膨張と収縮をおこすため，もし伸縮目地を設けなければひび割れが発生するおそれがある。アスファルト系の目地板も用いられるが，最も簡易な目地板は杉板である（**図2.9**）。

　コンクリート舗装には鉄網（ワイヤメッシュ）を中に入れることがあるが，これはコンクリート版を一種の鉄筋コンクリートとする考え方である。

2.1.4　コンクリート平板舗装

　30 cm×30 cm×6 cm の規格のコンクリート平板を路盤上に敷く舗装が代表的である（**図2.10**）。一般的に歩道に使われるものであるが，コンクリート平板舗装を用いた公園は昭和初期にはすでに登場している。昭和30年代には着

(a) 正方形に斜線を入れたもの
(b) 大きな十字模様は豆砂利洗い出しのもの，地は正方形に更に格子を入れたもの
(c) 六角形の平板

図2.10 コンクリート平板舗装

色したコンクリート平板が開発され，いわゆるカラー舗装の先駆けとなった。透水コンクリート平板もある。

2.1.5 インターロッキングブロック舗装

インターロッキングブロック舗装は，波形の縁をもつ小型の分厚いコンクリートブロックを路盤上に敷き並べるものである。ブロックの形状や色彩および模様はメーカーにより特徴がある（**図2.11**）。透水性のブロックもある。

ドイツで開発されたインターロッキングブロックであるが，それが世界に普及した主な理由は，次のような点であろう。

① 車両交通に耐える高強度のコンクリートブロックであること
② 波形の目地のおもしろさと美しさ
③ カラフルであること

東京にインターロッキングブロック舗装が普及するきっかけになったのは，1970年代後半日比谷公園外周の緑化道路に採用されたことであった。当時東京都心の歩道からはコンクリート平板がすべて撤去され，アスファルト舗装に

52　　2. みちと広場

(a) プロバンス　　　　　　(b) ブリック

(c) フィッシュボーン　　　　(d) ビクトリア

図2.11 インターロッキングブロック舗装の模様の呼称

されていた。歩道のコンクリート平板を引きはがし，警官隊に投げ付けるという，激しい学生運動の事件があったためであった。東京都の造園技術者たちは，人力で引きはがせないというインターロッキングブロックに着目し，警察官立会いの実地検証を受け，その採用に至ったのであった。

図2.12 芝の植穴のあるインターロッキングブロック舗装（都立砧公園の駐車場）

芝など植生を導入できる穴あきタイプのブロックもある（図 2.12）。

2.1.6 タイル舗装

タイル舗装に使われるのは「外装用床タイル」として分類される，磁器質またはせっ器（炻器）質の吸水率の極めて小さいタイルである。これらはタイルを焼くときの温度が高い。タイル舗装は今日では街路や広場の舗装として，広く普及している（図 2.13，図 2.14）。

（a） 色違いの三角形タイルの組合せ　　（b） 大小異なる形の組合せ

図 2.13　タイル舗装の事例

図 2.14　正方形のタイルと十字線の伸縮目地

日本各地に優れた陶磁器の伝統的産地がある。それらの焼物からも舗装用のタイルが開発され，地元で使われる例がある。地域性の表現技術の一つである。

タイル舗装の下地はコンクリート舗装であり，その上にモルタルを使ってタイルを張り付けていく。舗装としての強度は下地のコンクリート舗装によって担保されている。コンクリート舗装では前に述べたように伸縮目地を設ける必要がある。したがってその上に張り付けられるタイル舗装にも伸縮目地は必要で，美しくデザインされたタイル舗装の広場に，やや無粋な目地の線が入っているのはそのためである（図 2.14）。目地材にはエラスタイトなどがある。

2.1.7 ダスト舗装

ダストは一般的には「ちり」という意味で使われるが，ダスト舗装に使われ

図2.15 橋面の遊び場のダスト舗装（東京都江東区）

る材料は砕石ダストとも呼ばれ，砕石を製造するときにできる微細な石粒である。この舗装は子供の遊び場や校庭にしばしば採用されてきた（**図2.15**）。

材料を敷き均し，転圧して仕上げる舗装である。固めるために炭酸カルシウムを用いる。舗装面が摩耗しやすいので定期的な手入れを必要とする。表面がやや固く，子供が擦り傷などを作るため，近年は施工が減少している。

2.1.8 れんが舗装

街路の歩道の舗装材料として，れんがは明治時代にいち早く日本に導入されたものである。今日でも住宅庭園，都市公園，テーマパークなどに施工事例は多い（**図2.16**）。普通れんがには**表2.4**のような寸法の規格がある。

（a）現存する明治時代のれんが舗装（英国大使館・東京都千代田区）

（b）透水性のある異形れんが

図2.16 れんが舗装

表 2.4　普通れんがの寸法および寸法許容差〔JIS R 1250〕

	長さ〔mm〕	幅〔mm〕	厚さ〔mm〕
寸　法	210	100	60
許容差	±5.0	±3.0	±2.5

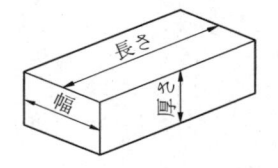

2.1.9　小 舗 石 舗 装

　小舗石には直方体（図 2.17）や立方体（図 2.18）のものがあり，ピンコロという呼称のものは一辺 6 または 9 cm 立方の石材である。石質は花こう（崗）岩が多い。花こう岩には様々な色調があり，西欧の古都の街路には美しい小舗石舗装の事例が少なくないし，我が国の街路や都市公園などの舗装としても普及している。西欧の古都の施工事例では目地モルタルを用いていない。

図 2.17　小舗石舗装（花こう岩） 　　図 2.18　舗石（上）と小舗石（ピンコロ）（下）による舗装（いずれも花こう岩）

2.1.10　舗 石 舗 装

　広場や公園に石の舗装が用いられることは少なくない。舗石には様々な形状寸法の美しい切石が用いられる。石質は花こう岩，安山岩，砂岩，凝灰岩などである（図 2.19）。

　日本の石材は今日輸入石材が少なくない。その理由は，海外には日本にないような石質があるというだけではなく，石材生産にかさむ人件費が日本では殊に高いためである。

　造園に地域性を表現するためにはできるだけ地元の石材を用いたい。

(a) 花こう岩（庵治石） (b) 花こう岩（稲田みかげ） (c) 安山岩（鉄平石）

(d) 石灰華（白トラバーチン） (e) 大理石（ジャン・ローズ） (f) 緑泥片岩（青石）

(g) 粘板岩（雄勝石） (h) 砂岩（和泉砂岩） (i) 凝灰岩（大谷石）

図 2.19 各種岩石〔（ ）内は石材名〕

2.1.11 石張舗装

石張りはコンクリートの基層の上に薄い板状の石をモルタルで張り付けたものである。住宅庭園，広場，都市公園に広く用いられている。石質は花こう岩，安山岩，大理石，片岩，砂岩などである（図 2.19）。

2.1 舗　装　工　　57

2.1.12　木れんが舗装

　木れんがは木材をブロック状にカットし，敷き並べるもので，かつてはパリのシャンゼリゼの馬車道にも採用された古典的舗装材である。今日，木材の防腐処理や施工性に改良が加えられて，都市公園や自然公園などの歩行者空間に採用されている。

　日本では木材の耐久性の点から，カラマツ，ひのき（図 2.20），くりなどが用いられている。すぎは材が軟らかく，舗装には向かない。

ひのきの心持ち材，
木口を見せている。
図 2.20　木れんが舗装

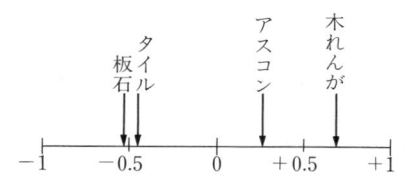

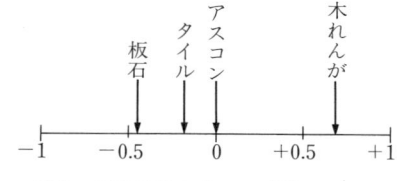

（a）　試験舗装を歩いた軟らかさ　　　（b）　試験舗装を歩いた感触のよさ

　試験区で行った官能検査，一対比較法による平均的効果で，男女 21 名の革靴を履いた被験者による。＋側が相対的に軟らかく感触がよい。木れんがはひのきの心持ち材（木口），アスコンは開粒度アスファルトコンクリート，タイルは磁器質タイル，板石は花こう岩，試料の表面が乾燥した状態での検査。

図 2.21　木れんがその他の歩行感

　筆者らの研究した，木れんがその他の歩行感は図 2.21 のようなものであった。またそれらの表面温度は図 2.22 のようなものであった。

(a) 1991年1月31日

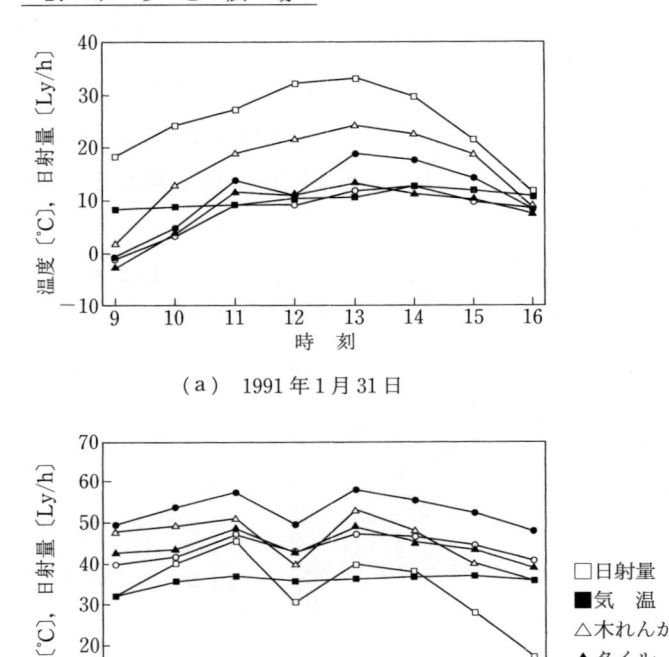

(b) 1991年6月27日

図 2.22 試験舗装の表面温度と気温・日射量（Ly：ラングレー）

凡例：□日射量　■気温　△木れんが　▲タイル　○板石　●アスコン

2.1.13 まくら木舗装

　鉄道レール用まくら木は今日ではコンクリート製が増えたが，名が示すように元来は木製であった。鉄道レール用まくら木を舗装に用いたものがまくら木舗装である。新品のまくら木を都市公園の舗装に用いることもあるが，住宅庭園では日本でも西欧でも使用済みの古びたまくら木を好んで使う。なお日本のまくら木は今日，新品も使用済みの品も輸入木材である（図 2.23）。

　日本の木材は今日，輸入木材が少なくない。木材生産すなわち林業にかかる人件費が日本では殊にかさむためである。

　造園に地域性を表現するためにはできるだけ地元の木材を用いたい。

輸入材のケンパス。
図 2.23　まくら木舗装

2.2　舗装の工事手順

　ここでは代表的ないくつかの舗装の工事手順について述べる。舗装の表層の施工は，路床と路盤の施工の後であるが，一部を除き，路床と路盤の施工の記述は省略した。

2.2.1　アスファルト舗装
〔1〕　小面積のアスファルト舗装

　通常，造園会社が施工するアスファルト舗装は比較的面積の小さい駐車場などの簡易舗装で，人力施工の場合が多い。乗用車3台程度の密粒度アスファルト舗装の駐車場や街路の補修の場合の工事手順を述べる。

① 計画高に合わせて水糸を張り，路床のためのすき取り（鋤取り）または盛土を行う。

② 路床の不純物（枯葉，ごみなど）を取り除き，振動ローラー，プレート，

図 2.24　路盤整正

タンパー（tamper）などで何回も転圧を加えながら転圧面に凹凸がないよう整正する。
③ 砕石（再生砕石も可）を仕上げ厚15 cm になるよう，均一に敷き均し（図 2.24）転圧する（図 2.25）。

(a) 路盤転圧状況　　　　(b) 路盤寸法（仕上げ高より100 mm 下がり）

図 2.25　路　盤　転　圧

④ 計画高に仕上げた砕石路盤の上にアスファルト乳剤（プライムコート）を均一に散布する。これは路盤を保護し，路盤とアスファルトをなじませる効果がある（図 2.26）。

図 2.26　プライムコート散布

⑤ 密粒度アスファルトをレーキなどで計画高よりも 2～3 cm 厚くなるよう均一に敷き均し，振動ローラー，プレート，タンパーなどで転圧を計画高に合うまで繰り返す（図 2.27）。
⑥ 表面温度が下がるまで半日ほど養生する。

(a) 基層アスファルト（粗粒度）敷均し状況

(b) 基層アスファルト転圧状況

(c) 基層アスファルト寸法（仕上げ高より50 mm下がり，厚さ50 mm）

(d) 表層アスファルト（密粒度）敷均し状況

(e) 表層アスファルト転圧状況

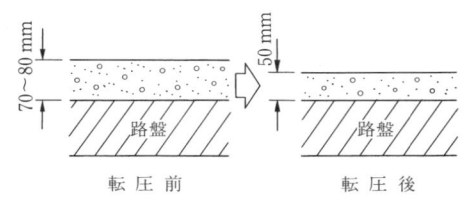

(f) アスファルトの敷均しと転圧（仕上げ厚50 mmの場合）

図 2.27 アスファルト混合物の施工

施工上の注意事項は次のとおりである。

① **運　搬**　アスファルト混合物は現場の道路が広い場合は，プラントから4トン車や10トン車で搬入されるが，道路が狭く2トン車しか入れない

場合または少量の場合は，自社の2トン車でプラントまで取りにいくこともある。4トン車や10トン車の場合は，量がまとまって運搬されるため冷めにくいが，2トン車や少量の場合は冷めやすいので，アスファルト混合物の上にシートをかぶせ，冷めにくくして運搬する（図2.28）。現場まで60分以内で到達できるアスファルトプラントを探すことが必要である。

図2.28 トラックの荷台でシートを掛けられたアスファルト混合物の現場着温度（矢印の先が温度計）

② **敷均し・転圧** アスファルト混合物は温度が下がると固まりだし，敷均しが困難になるため，到着後速やかに敷き均すことが必要である。

③ **凹　凸** 転圧後に表面に凹凸がある場合は，その箇所をガスバーナーで表面が軟らかくなるまで加熱する。凹部は軟らかくなった上にアスファルト混合物を足して締め固め転圧を行いなじませる。凸部はプレート，タンパーなどで十分に締め固め転圧し平たんにする。

④ **舗装止め** 舗装の端部に舗装止めが必要な場合は縁石(ふちいし)などを用いる。必要でない場合は施工中端部を角材などで止め，完了後角材を撤去する（図2.29）。

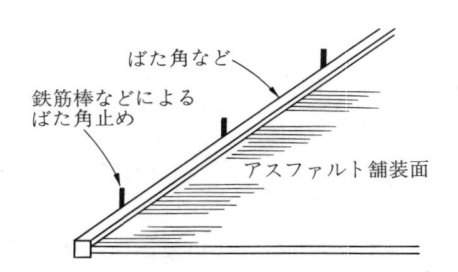

図2.29 アスファルト舗装端部の止め

〔2〕 大面積のアスファルト舗装

アスファルト舗装は大面積になると品質管理の項目が多くなる。

路盤の密度 アスファルト舗装の路盤では現場密度測定を行うことがある（図2.30，表2.5）。この密度の値が低い場合は，施工側の責任である。

舗装の端部 アスファルト混合物はアスファルトフィニッシャーにより舗設するが，舗装の両端はフィニッシャーだけではきれいに仕上げられない。舗装の端部のアスファルト混合物を，フィニッシャーの両わきでレーキにより手早く均す者が必要で，この人たちは「レーキマン」と呼ばれる。なおこのとき使うレーキはスチール製である。

打継ぎ目 アスファルト舗装の面積が大きい場合は，アスファルト混合物の打継ぎが必要になる。アスファルト混合物の打継ぎ目はばた角などで仮に止めて転圧する。大面積で2日にまたがる工事のときは，継目にプライマー（primer）を塗る。施工後，舗装面すなわち密粒度アスファルト混合物の表面

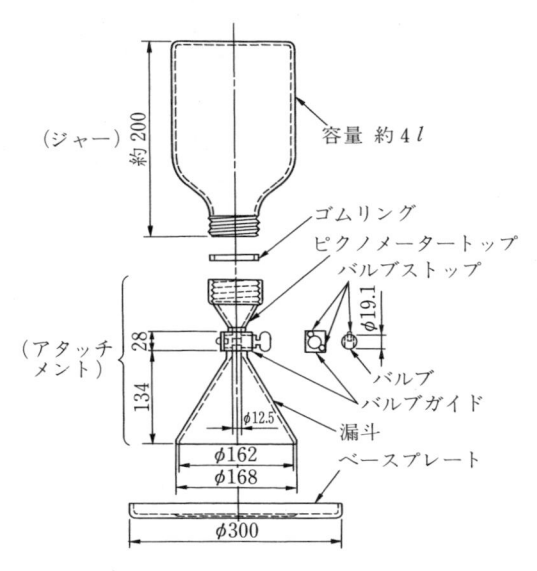

（a） 砂置換法による土の密度試験測定器とベースプレートの例（単位mm）〔JIS A 1214〕

（b） 路盤の現場密度試験状況

図2.30 現場密度試験

表2.5　アスファルト舗装の品質の合格判定値（抜取り検査による場合）

工事	項目		適用工事					
			中規模以上の工事			小規模以下の工事		
			$\bar{X}_{10}$	$\bar{X}_6$	$\bar{X}_3$	$\bar{X}_{10}$	$\bar{X}_6$	$\bar{X}_3$
下層路盤	締固め度〔%〕		95以上	96以上	97以上	—	—	—
上層路盤（粒度調整）	締固め度〔%〕		95以上	95.5以上	96.5以上	95以上	95.5以上	96.5以上
	粒度〔%〕	2.36 mm	±10以内	±9.5以内	±8.5以内	—	—	—
		75 μm	±4以内	±4以内	±3.5以内	—	—	—
基層表層	締固め度〔%〕		96以上	96以上	96.5以上	96以上	96以上	96.5以上
	粒度〔%〕	2.36 mm	±8.0以内	±7.5以内	±7.0以内	±8.0以内	±7.5以内	±7.0以内
		75 μm	±3.5以内	±3.5以内	±3.0以内	±3.5以内	±3.5以内	±3.0以内
	アスファルト量〔%〕		±0.55以内	±0.50以内	±0.50以内	±0.55以内	±0.50以内	±0.50以内

注：$\bar{X}_{10}$ は10個の測定値の平均値
　　（粒度調整）は砕石であり表2.1参照
〔(社)日本道路協会：アスファルト舗装要綱，丸善（1993）p.161より〕

（a）プライマー塗布状況　　　　　　（b）養生砂散布状況

図2.31　アスファルト打継ぎ目

に，プライマーを塗って砂をまく。これによって継目をふさぐ（**図2.31**）。

温度管理　アスファルト舗装の現場では，アスファルト混合物の現場着温度と敷均し温度の計測が，品質管理上重要である（**図2.32**）。アスファルト混合物を積んだダンプトラックが，交通渋滞のために到着が遅れたりすると，アスファルト混合物の現場着温度が低くなりすぎていることがある。それはアスファルトプラント側の責任であるから，造園会社側はそのアスファルト混合物を返品してもよい。現場着温度の低いアスファルト混合物をそのまま使って，舗

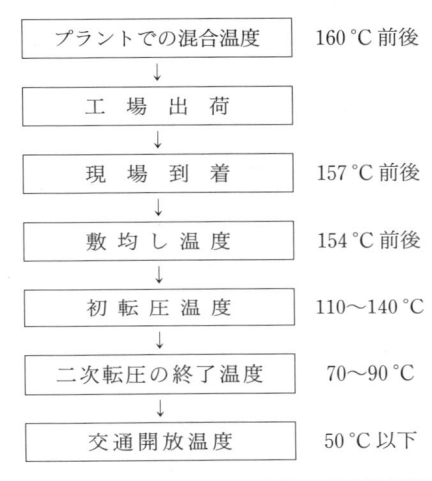

プラントでの混合温度	160 °C 前後
↓	
工 場 出 荷	
↓	
現 場 到 着	157 °C 前後
↓	
敷 均 し 温 度	154 °C 前後
↓	
初 転 圧 温 度	110〜140 °C
↓	
二次転圧の終了温度	70〜90 °C
↓	
交 通 開 放 温 度	50 °C 以下

図 2.32 アスファルト混合物の温度管理例

装の仕上りに問題が出れば，それは造園会社側の責任になってしまう。

コア採取 施工後，アスファルト混合物のコア採取を行い，プラントの試験室などで試験をする。試験項目はコアの厚さ，締固め度，アスファルト量，骨材の粒度の測定が主なものである（表 2.5 参照）。アスファルトプラントの品質管理は行き届いており，不合格品はまず出ない。

2.2.2 コンクリート舗装

駐車場と駐輪場の床を事例として述べる。最近は少量のコンクリートでも現場での手練り，ミキサー練りはせず，工場からトラックミキサーにより生コンクリートを取り寄せて使用することがほとんどである。コンクリート舗装の施工手順は以下のとおりである。

① 路床と路盤の施工はアスファルト舗装と同じである（2.2.1 項参照）。
② 駐車場では表層のコンクリートのために 10 または 13 mm 鉄筋を 200〜300 mm 間隔で配置し，結束線で結んでおく。駐輪場では表層のコンクリートのためにワイヤメッシュを重ね幅 200〜300 mm で敷き並べておく（図 2.33）。

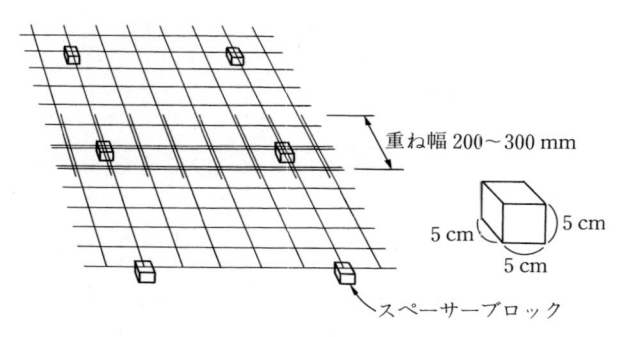

図 2.33 ワイヤメッシュの敷並べ

③ 砕石路盤の上に鉄筋またはワイヤメッシュを組み立て，路盤から浮かせるために，間にモルタル製スペーサーブロックを置く。

④ 施工箇所にトラックミキサーが接近できる場合はシュートによりフレッシュコンクリートを打設し，接近できない場合は一輪車（猫車）による打設を行う。フレッシュコンクリートの敷均しはレーキで行う。このレーキは高さ 10 cm 程度のものを木材で作る。

⑤ 工事範囲すべてのコンクリートの打設が完了するまで作業が中断しないよう，連続して打設する。

⑥ 打設後，木ごてでコンクリートの仕上り面を押さえる。コンクリートの表面に水分がなくなりかけてきたころ，金ごてで仕上げの押さえを行う。はけ（刷毛）引き仕上げは左官ばけで行う（図 2.34）。

⑦ 夏は乾燥によるひび割れ，冬は寒さによる表面凍結を防ぐため，コンク

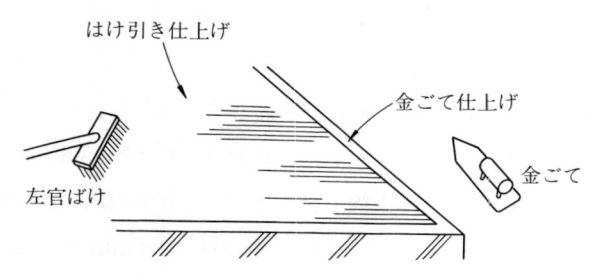

図 2.34 コンクリート舗装の仕上げ

リート表面をシートで覆い，天候と気温状況を見ながら4〜6日はコンクリートの養生をする（**図2.35**）。

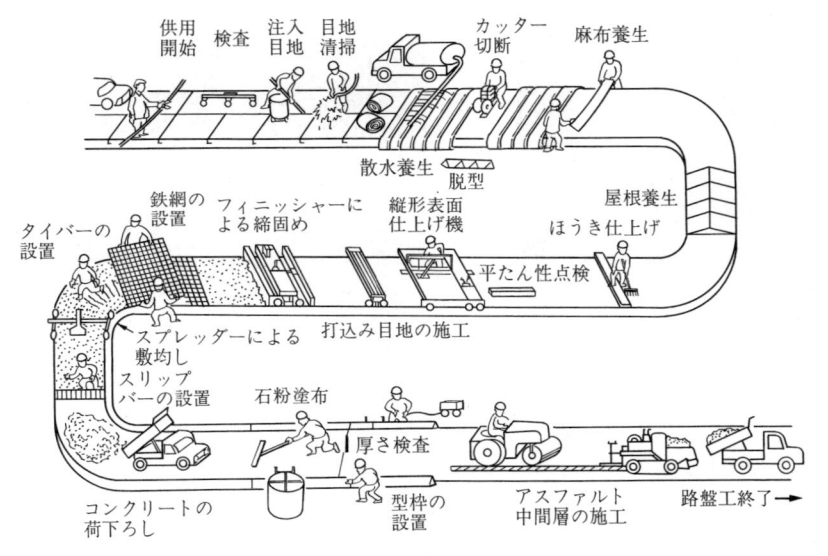

図2.35 コンクリート版舗設順序の一例〔(社)日本道路協会：セメントコンクリート舗装要綱，丸善（1976）p.75より〕

施工上の注意事項は次のとおりである。
① 縁石を設けたりせずコンクリート舗装の端部をそのまま見せるような場合は，コンクリート表面をきれいに仕上げる必要がある。木製の型枠材が乾いているとフレッシュコンクリートの水分を吸い，硬化後のコンクリート表面がざらつくことがある。これを防ぐために打設前に木製型枠に水を打って湿らせておくことを忘れてはならない（**図2.36**）。
② コンクリート舗装に打継ぎ目ができると仕上りがきれいに見えなくなるので，フレッシュコンクリートを連続して打設する必要がある。そのためには必要な生コン量の計算と，それに伴うトラックミキサーの到着時刻を事前に確認しておく。
③ コンクリート舗装面のはけ引き仕上げは，表面の水が引いてから，ブラ

図 2.36 端部をそのまま見せているコンクリート舗装

図 2.37 はけ引き仕上げの周囲が金ごて仕上げのコンクリート舗装（図 2.8 を違う角度から）

シやしゅろぼうき（棕梠箒）で行う。これは造園会社の仕事である。コンクリート舗装面が金ごて仕上げの場合は，左官工の手による。

④ はけ引き仕上げの周囲が金ごて仕上げになるような舗装デザインの場合は，まず舗装の全面にはけ引き仕上げを施し，その後で周囲を金ごて仕上げにする（図 2.37）。

2.2.3　インターロッキングブロック舗装

インターロッキングブロック舗装の施工には専門工事業者がおり，20 m² 以上の面積があればそちらに工事を委託し，造園会社はそれを管理するのが一般的である。しかし建物の入口部分など，歩行用の 20 m² 未満の面積では造園会社で施工することがある。その施工手順を以下に述べる。

① 路床の施工はアスファルト舗装と同じである。
② 砕石を仕上げ厚 10 cm になるよう均一に敷き均し，転圧する。
③ 砕石路盤の上に透水シートを敷き込む（図 2.38）。
④ 川砂をサンドクッションとして厚さ 4〜5 cm に平らに均す。この砂は粗目とする。これはブロック張り後，転圧を加えると 1〜2 cm 沈む（図 2.39）。

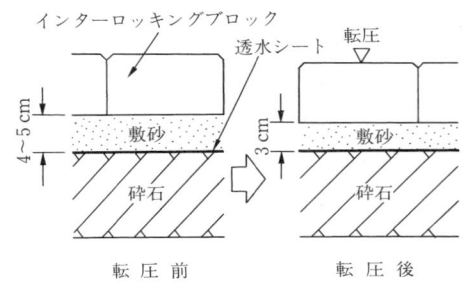

2.2 舗装の工事手順　69

透水シートは高い透水性と高密度とを持ち合わせたジオテキスタイル。
図2.38　インターロッキングブロック舗装

図2.39　インターロッキングブロック舗装の敷砂寸法（転圧後）

⑤ インターロッキングブロックを敷き並べる。ブロックの敷並べは容易である。ブロックとブロックに2mmのすきまができるように，ブロック自体が成形されているからである（**図2.40**）。インターロッキングブロックの敷並べ方は，園路の延長方向に，まず片方の縁石に沿って，縦1列を並べる。次に，園路の横断方向に勾配を示す水糸を張り，それに従いながら，縦1列ずつ並べていく。

図2.40　インターロッキングブロックの敷並べ

図2.41　インターロッキングブロックのプレートによる転圧

⑥ ブロックを水糸よりも1～2cm高くなるように並べ，プレートで水糸にブロック面が合うまで転圧する。インターロッキングブロックを敷き並べた後，プレートでたたいて転圧する。これにより舗装面が5～10mm沈む（**図2.41**）。

⑦ 目地砂をブロックのすきまにほうきなどで入れて詰める。この砂は目地

に入りやすいよう,乾燥した細目の珪砂(けいしゃ)を用いる。これをしないと,ブロックが動いてしまう。

施工上の注意事項は次のとおりである。

① インターロッキングブロック舗装の断面を,「かまぼこ」(断面の中央が高くなる形)に勾配を付けて仕上げる場合は,路盤工事のときからかまぼこに仕上げておく必要がある。

② 路盤の上に,3〜4 cm 厚に多めに洗い砂を入れて,砂を均一に敷き均す。このとき砂の量を適切にするには経験が必要である。なお砂は乾いた状態で使う。この砂の敷均しの良否が,インターロッキングブロック舗装の仕上りのよしあしの分かれ目になる。

③ インターロッキングブロック舗装では,様々な色彩のブロックを組み合わせて模様を作ることが少なくないが,この場合には勾配を付けることは難しい。模様を作る場合には,フラットで施工する。

④ この舗装の端部処理は現場合せになる。ブロックには寸法の許容誤差があり,施工精度上,どうしても舗装の端部にブロックをカットしなければならないところが出てくる。ブロックのカットには専用カッターを使用する。なお舗装の模様によって,ブロックをカットしやすいものとそうでないものがあり,例えばフィッシュボーン〔図 2.11(c)参照〕模様の場合はカットしにくい。

⑤ ブロックをカットするとき,切断部が目立たなくなるような張りパターンを考えるとよい。

2.2.4 タイル舗装

タイル舗装の施工手順を以下に述べる。

① タイル舗装はタイルをベースコンクリート (base concrete) に張るものであるから,まずベースコンクリートをしっかりきれいに作る。タイル舗装の場合,フラットか片勾配で施工することがほとんどである(図 2.42)。

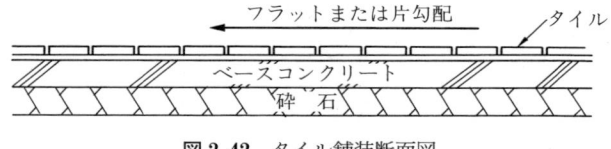

図 2.42 タイル舗装断面図

② 次にタイルの割付けをよく考える。タイルの目地を通すために糸を張る。
③ 練りモルタルを敷いてタイルを張る。このときタイルを木づち（木槌）で直接軽くたたく（図 2.43）。

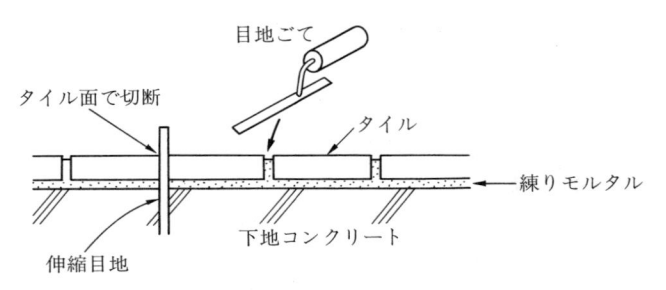

図 2.43 タイル舗装の仕上げ

④ 練りモルタルがタイルに付着したら，すぐに少しぬらしたブラシでこすり取る。
⑤ 目地は目地ごてを使って仕上げるが，押え目地にする。
⑥ 伸縮目地が必要であるが，これには目地材としてエラスタイトを用いる。エラスタイトをベースコンクリートより高く立ち上げておき，それにタイルを張ってから表面に合わせて切って仕上げる。

2.2.5 ダスト舗装

ダスト舗装の施工手順を以下に述べる。
① ダストを敷く下地を不陸整正，転圧する。丁寧にする場合は，下に荒木田土か赤土を入れることもある（図 2.44）。
② トラックから荷下ろししたダストに塩化カルシウムをスコップで混ぜる。

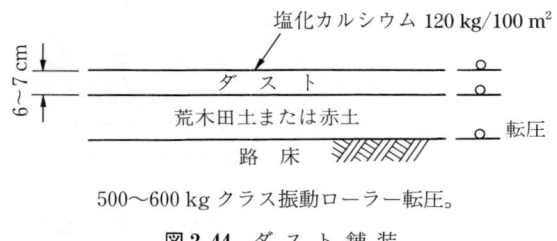

図2.44 ダスト舗装

③ ダストは6～7 cm厚で敷き均し，500～600 kgクラスの振動ローラーで転圧する。

④ 表面安定材として，塩化カルシウムを120 kg/100 m²ほどの割合で散布し転圧する。

2.2.6 その他の舗装

山砂敷き　細目の山砂を厚さ10 cmほどに敷き均して振動ローラーで転圧する。軟らか味がある舗装なので，幼稚園の園庭などに用いられる。半年に1回砂を補充する。

まさ土舗装　まさ土を敷き均し，振動ローラーで転圧する。公園の園路に用いられる。

芝　生　校庭の芝生化が進んでいる。芝生の造成については専門書に譲る。

2.3　排　水　工

住宅庭園，都市公園，街路，いずれにおいても，雨水をどう処理するか，つまり排水を考えないわけにはいかない。排水施設にも多様なものがあるが，今日，宅地開発の場合，雨水の宅地内処理が開発許可の基本になっている。そのために宅地内で雨水を貯留し，地下に少しずつ浸透させる浸透工法が日常的になった。

2.3.1 排水施設の構成と施工

排水施設で，U形側溝のように流れる水が見えるものを開渠(かいきょ)，ヒューム管のように流れる水が見えないものを暗渠(あんきょ)という。

雨水流出係数という概念がある。これはその場所に降った雨が，浸透したり，貯留されたりすることなく，よそへ流れ出てしまう割合を示す係数である。森林はその値が最も小さく，舗装面や屋根は大きい。

今日住宅庭園や都市公園の排水施設は，都市の下水道システムに整合するような施設にすることが求められている（図 2.45）。ただし公園内の排水管と道路内の下水道本管とを接続する工事は，管工事業の会社でなくては行えない。

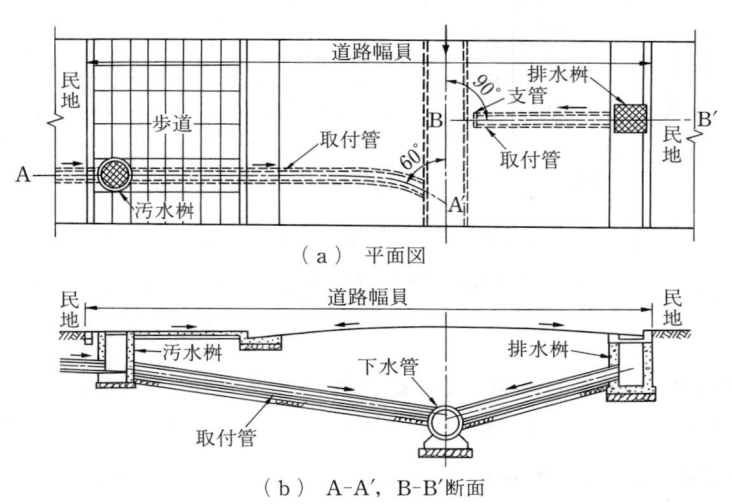

図 2.45 道路の下水管渠敷設例（合流式）〔(社)日本道路協会：道路土工・排水工指針，丸善（1987）p.264 より〕

〔1〕 開　　渠

開渠には次のような種類がある（図 2.46）。

素掘り側溝　土に溝をバックホーなどで掘っただけのものであるが，溝の3面は土をたたいて仕上げる。施工して数か月後には溝に草が生えてくるので，自然再生にも用いられる工法である。工事現場の仮排水にも用いられる。ただし土が崩れる場所も出てくるので，ある程度の維持管理は必要になる。

(a) 素掘り側溝

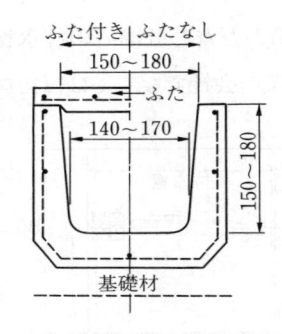

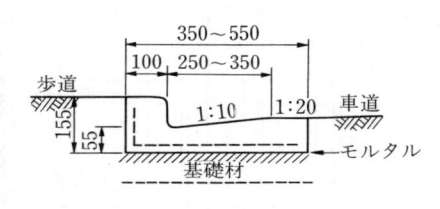

(b) 鉄筋コンクリートU形　　(c) プレキャストL形（鉄筋入）

図 2.46　開渠〔(社)日本道路協会：道路土工・排水工指針，丸善（1987）p.27, 29 より〕

U形側溝　断面がU形をしているコンクリートブロックを敷設した側溝である。小動物や昆虫が落ちるとはい上がれないことがある。

L形側溝　断面がL形をしているコンクリートブロックを敷設した側溝である。

皿形側溝　断面が皿形をしているコンクリートブロックを敷設した側溝である。

〔2〕　**管　　類**

管渠に用いる管類には次のような種類がある。

ヒューム管（遠心力鉄筋コンクリート管）　細い鉄筋を内部に用いたコンクリート製の高強度の管である。ヒューム管（Hume concrete pipe）にはソケットが付いているが，ソケットのある方を上流側にするよう施工する。ソケッ

図 2.47 ヒューム管と
パッキン

トのところでゴム製のパッキンを挟んで管をつなぐ（**図 2.47**）。

陶 管 焼物の管（JIS R 1201）。大正時代まで排水管の代表格であったもので，今日でも使われる。

硬質塩化ビニル管（塩ビ管） 上・下水道に広く用いられる管であり，軽量で，接合も容易である。（JIS K 6741，K 6742）

〔3〕 **管渠の接合方式**

管渠を接合する方式には**図 2.48** に示すようなものがある。

〔4〕 **管渠施設の構成**

排水の要点とそれに対応する施設は次のようである（図 2.45 参照）。

① 地表に降った雨を集める……舗装面の排水勾配
② 地表で集めた雨水を受ける……排水桝
③ 受けた雨水を地下で流す……排水管

〔5〕 **排水桝の構造と役割**

排水桝は排水施設の総延長が長いときに一定間隔で設けるほか，排水管の方向，管径，勾配の変化点などに設ける。排水桝のふたは穴空き状か鉄格子状になっており，穴から雨水を桝に集める役割がある。桝底は接続する管底よりも深くし，流れてきた泥や砂をためるようにする。排水桝は排水系統の管理・点検のポイントになる（**図 2.49**）。

現場でコンクリートを打って作る桝は，仕上げの正確さが要求されるが，現在は工事例が少なくなった。コンクリート二次製品（precast concrete，PC）の側塊を積み上げて作る桝が主流であり，それらの桝は地方自治体などにより仕様が決められている。

2. みちと広場

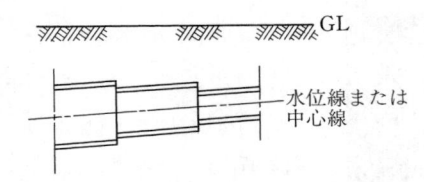

計画流量による管渠の水位が同一となるように水位までの管底高を定めて接合。
(a) 水位接合または中心接合

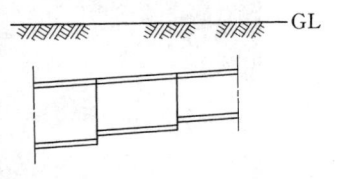

頂部を合わせる接合方法で，管の全断面が利用される点で優れるが，落差を損し，埋設深度を増すから，土工費が増すことになる。
(b) 管頂接合

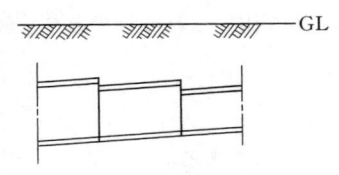

最大流出量のとき上流管が全部動水勾配線以上となるので，水位が途中の路面に飛び出す危険性があるが，土工費は安い。
(c) 管底接合

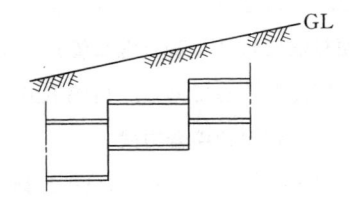

(d) 段差接合（段階接合）

大きな管径の場合であり，管渠の長さは短く表現。

図2.48 管渠の接合方式〔小池正次：住宅団地の土木設計，建築技術 (1975) p.47 より〕

工事中であり，桝の上部を残して埋め戻される。上部の穴にはふたが掛けられ，ふたの穴から雨水は桝に流入する。桝の下の側面，丸い穴に排水管が接続される。

図2.49 排水桝の例

〔6〕 **排水施設の施工**

　排水施設の施工に当たっては，特に勾配を正確に出すことが要求される。いいかえれば，U形側溝や排水管の底の高低差を正確に出すことであり，レベル測量の高精度さが前提となる。

　排水工は下流から上流に向かって施工するのが基本である。

　U形側溝や排水管そのものが頑丈な製品であっても，その下の地盤が弱ければ不等沈下をおこすおそれがある。排水管が不等沈下をおこしては管渠の勾配が確保できず，水が流れにくくなる。そういうことがないように，U形側溝や排水管の下にはコンクリートや砕石の基礎を設ける。

2.3.2 浸　透　工　法

　今日，排水工では浸透工法がしばしば用いられる。在来の排水工は雨水を集め，素早く下流に流すものであったが，都市化が進み，建物と舗装面が激増すると，下水道の整備が追い付かなくなった。それは，雨水を貯留しゆっくり地下に浸透させる機能をもつ樹林地が減少し，不透水面が増え，雨水の流出量が激増したためである。そこで雨水を貯留し徐々に地下に浸透させる工法が考案された。

　浸透工法には透水管を用いる。透水管にはコンクリート透水管，塩化ビニル透水管などがある。いずれも管の表面に穴があけてあり，その穴から水を管内に通し，管底を流下させる。浸透工法で透水管とともに用いられるのがフィルター層である。地表から地下の透水管の周囲までフィルター層として，粒度のよい砂を埋め込む。砂ならば粘性土よりも雨水を地下に浸透させやすいので，排水桝を用いることなく，地表から地下の管に水を集めることができる。透水管は管底に水を流しつつ，地下にゆっくりと浸透させる（図 2.50）。

　桝にも浸透桝と呼ばれる構造のものを用いる。桝の側壁や底は在来工法では不透水のコンクリートであるが，浸透桝では透水コンクリートを用い，底にはフィルターを設け，地下に水が浸透する状態にしておく。

78   2. みちと広場

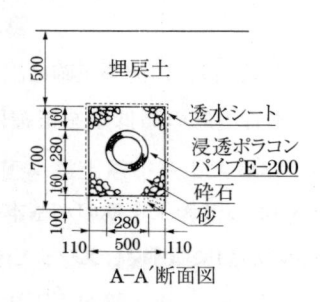

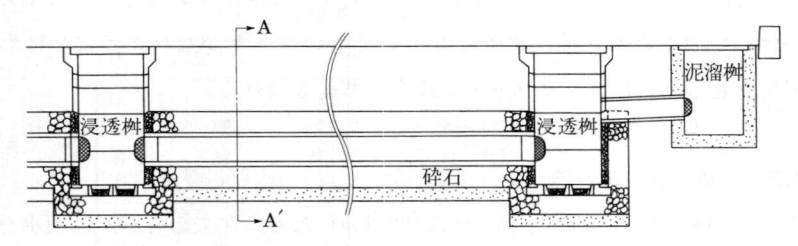

図 2.50 浸透ポラコンパイプ施工例〔マテラス(株)のカタログより〕

2.4 排水施設の工事手順

2.4.1 U 形 側 溝

U形側溝の施工手順を次に述べる（図2.51）。

① U形側溝の遣形を設ける。レベル測量をして，排水勾配が適切にとれているか，十分に注意する。

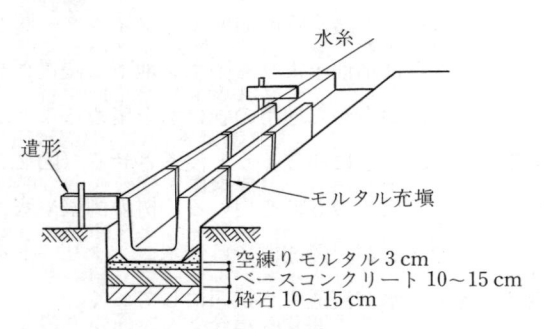

図 2.51 U形側溝の施工

② 遣形に従い,「通り」つまり U 形側溝の延長方向の直線と,「高さ」を水糸で通す。
③ 水糸に従い根切りをする,すなわち U 形側溝のために地盤を溝状に掘り下げる。
④ その底に砕石を 10〜15 cm 敷き込み,転圧する。なお,U 形側溝完成後に上を重車両などが通過する箇所では,砕石敷きの上にベースコンクリートを厚さ 10〜15 cm 打設する。
⑤ 空練りモルタル(空モル),つまりセメントと砂を水なしで練り混ぜたものを砕石の上に 3 cm ほど敷き均す。その上に U 形側溝のブロックを人力で敷設する。U 形側溝の通りと高さは水糸に合わせるよう,木づちでたたいて調整する。
⑥ U 形側溝のブロックの目地にモルタルを充填する。目地から水漏れすることがないよう,モルタルは十分に充填し,しっかりこてで押さえる。

なお,L 形側溝や皿形側溝の工事手順も基本的には U 形側溝の場合と同じである。

2.4.2 排　水　桝

排水桝(PC 排水桝)の施工手順を次に述べる(図 2.52)。
① 排水桝の遣形を設ける。
② 遣形に従い,桝の仕上高,位置を確認し,決定する。
③ 桝のために根切りをする。その底に砕石を 10〜15 cm 敷き込み,転圧し,ベースコンクリートを 10〜15 cm 打設する。
④ ベースコンクリートの上に桝の側塊を,下部側塊→上部側塊→縁塊の順序で積み上げていく。底部の泥だめは,排水管の管底から桝底まで 15 cm 以上とし,排水管に泥が入らないようにする。
⑤ 桝のふたは使用目的により,コンクリートふた,格子ふた,グレーチング(grating)ふたがあるので,適当なふたを掛ける。
⑥ 埋戻しに際しては,埋戻土に山砂などを混ぜ,適宜水を使いながら突き

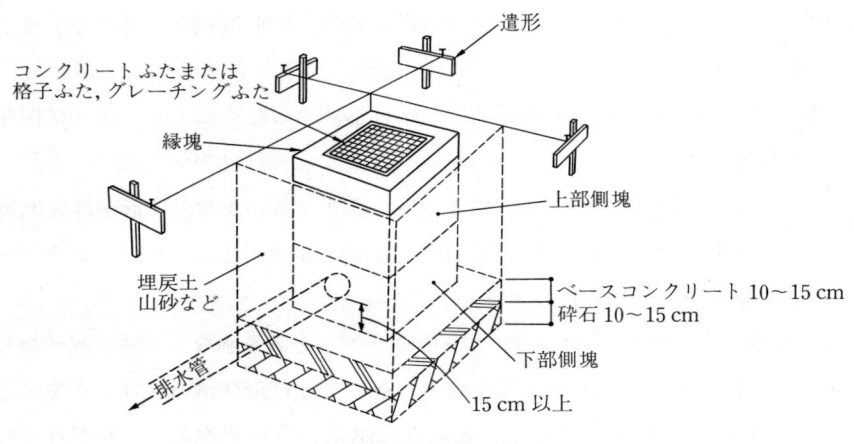

図 2.52 排水桝の施工

固める。なお，施工後1〜2年で桝周りの沈下が少なくないのは，埋戻しが不十分なためであり，舗装その他の仕上げに影響を与えないよう，十分な突固めが必要である。

　排水桝には，L形用桝，U形用桝，雨水桝，特殊改良桝，宅地桝，その他いろいろな種類があり，用途によって使い分ける。なお，汚水管や下水道用マンホールの施工は管工事業の会社が行い造園会社は行わない。

2.4.3 雨水浸透管

雨水浸透管の施工手順を次に述べる（図 2.53）。

① 雨水浸透管の遣形を設ける。遣形に従い，管の深さ，通りを決定する。根切りを所定の幅で行って溝を掘る。

② 根切りした溝の底部に砂を敷き込む。なお，掘削の後，底部の面を固くすると浸透しにくくなるので，床付け（底部の土を整正して締め固めること）はしない。

③ 根切りした溝の側面を透水シートで覆い，地盤面に広がるようにしておく。

④ 砂の上に単粒度砕石を，浸透管を敷設する高さまで入れる。その上に浸

2.4 排水施設の工事手順

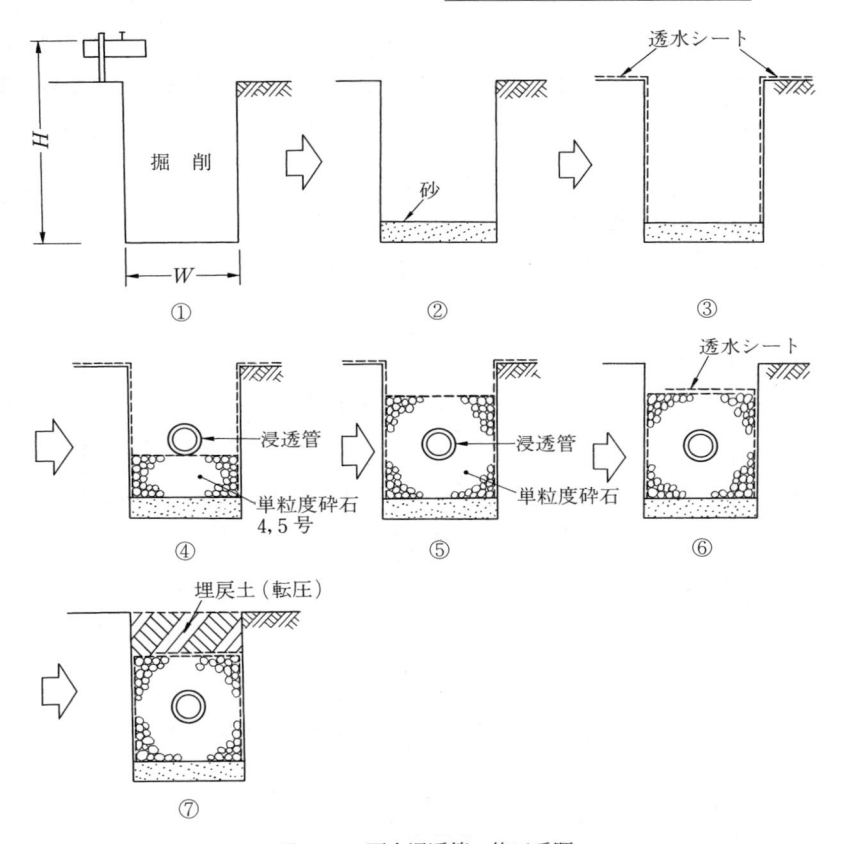

図 2.53 雨水浸透管の施工手順

透管を敷設する。このとき，浸透管とその下の砕石にすきまができないよう，砕石の表面を凸凹なく平らに敷き均しておくことが重要である。なお単粒度砕石は通常，単粒度 4, 5 号（表 2.1 参照）を使用する。

⑤ 浸透管の上に単粒度砕石を，仕上り高までかぶせる。
⑥ 仕上がった単粒度砕石の上に，広げてあった透水シートをかぶせる。
⑦ 埋戻しを，所定の「土被り」の厚さになるまで行うが，このとき繰返し転圧する。なお土被り厚は，浸透管を埋設後の上部に何ができるかで決定する。また植木の根や舗装などが浸透管に影響しないように注意する。

なお，雨水浸透管による排水系統により，その付近の土の含水率は上昇す

る。地盤の土の含水率の上昇により，ブロック塀やれんが塀など，基礎の根入れが比較的浅い構造物には，倒壊の危険が生じるおそれがある。そのため，それらの構造物と浸透管は1m以上離すように注意する。

2.4.4 雨水浸透桝

雨水浸透桝の施工手順を次に述べる（図2.54）。

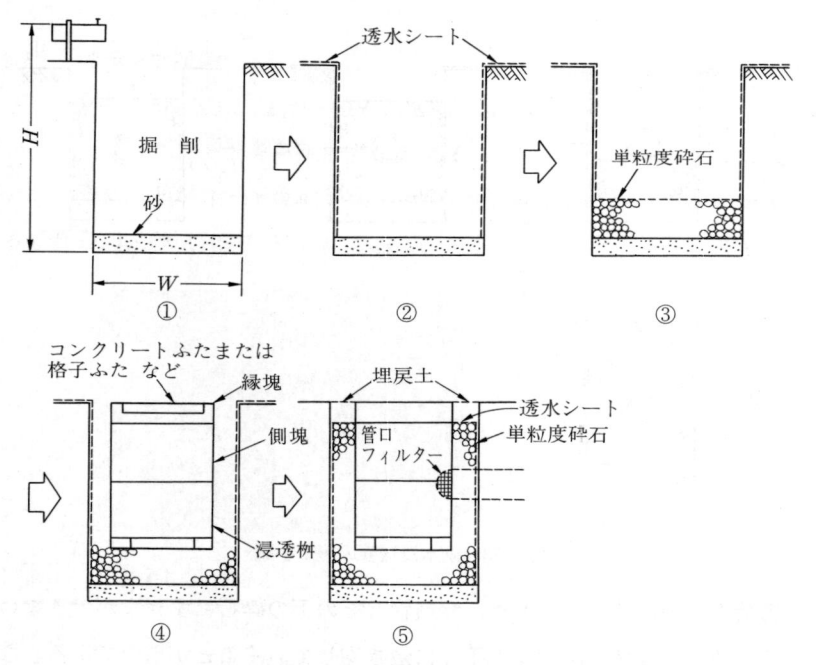

図2.54 雨水浸透桝の施工手順

① 雨水浸透桝の遣形を設ける。遣形に従い，雨水浸透桝の仕上高，位置を確認，決定する。根切りを所定の幅で行い，底部に砂を敷き込む。
② 透水シートを敷き広げておく。これは後程，底部に砕石を敷き，桝を設置した後，かぶせるものである。
③ 底部に単粒度砕石を所定の高さまで敷き込む。その上に狭義の浸透桝（図2.54 ④）を設置する。

④ 浸透桝→側塊→縁塊→ふたの順に積み上げる（**図2.55**）。ふたは使用目的により，コンクリートふた，穴あきコンクリートふた，格子ふたなどがある。

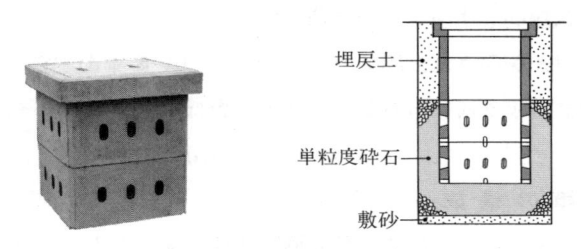

図2.55　雨水浸透桝〔雨水浸透製品工業会のカタログより〕

⑤ 桝と浸透管の接続箇所には，桝にごみが流入するのを防ぐため，ステンレス製の管口フィルターを取り付ける（**図2.54⑤**）。桝の埋戻しは十分に行う。

2.4.5　硬質塩化ビニル管

造園の現場では，管径200 mm程度まではソケット付きの硬質塩化ビニル管（塩ビ管）を使って排水工事をすることが多い。塩ビ管の場合，砕石やコンクリートの基礎を設けることはなく，管の下になる土の転圧のみである（**図2.56**）。塩ビ管と塩ビ管の接続には接着剤を使う（**図2.57**）。したがって施工は速い。

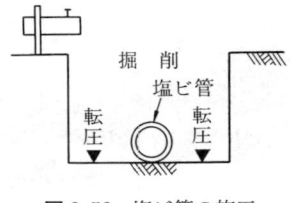

図2.56　塩ビ管の施工　　　図2.57　塩ビ管の接続

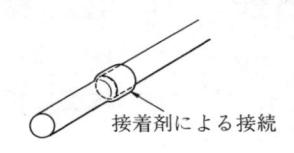

2.5 囲障工

住宅庭園も都市公園も，その敷地の周囲には何らかの施設で囲みを設けるのが常である。伝統的な生垣もその一種といえるが，今日では耐久性と美観に優れた様々な資材が開発され，囲障工はエクステリア産業の中核をなしている。フェンスやブロック塀にも材質，デザインのはやり廃りがある。

2.5.1 囲障の構成

囲障の構成要素にはフェンス，塀，柵，門柱，扉がある。建材メーカーが開発し，カタログに掲載しているそれらの製品を選んで取り寄せ，現場でそれらを組み立てて施工するケースがほとんどである。公園など公共事業の場合は建材メーカーのカタログの図面を発注者側に提示し，承認図として施工する。

〔1〕 **フェンス・塀・柵**

フェンス・塀・柵の種類には次のようなものがある。

メッシュフェンス メタルのメッシュパネルをフェンスの部材として，支柱・胴縁に取り付けるものである。ネットフェンスよりも後から製品化されたが，施工性がよく，耐久性も高く，現在フェンスの主流である。プレキャストコンクリート（PC）の基礎ブロックを独立基礎とし，それに支柱を立て込み，支柱と胴縁，メッシュパネルをボルトやナットで組み立てていく。民間でも公共事業でもよく使われている（図2.58）。

図2.58　メッシュフェンス〔エルエスフェンス(株)のカタログより〕

図2.59　ネットフェンス〔エルエスフェンス(株)のカタログより〕

ネットフェンス　被覆された金網（ネット）を支柱・胴縁に張ってフェンスにする。よく使われてきたものであるが，メッシュフェンスに比べて，ネットに手を掛ければゆがむことがあるので，使用は少なくなりつつある。組立方はメッシュフェンスとほぼ同様である（図 2.59）。

ブロック塀　コンクリートブロックを，現場打ちの鉄筋コンクリート基礎の上に積み上げる塀である。コンクリートブロックには縦・横方向に鉄筋を通し，フレッシュモルタルを使って積み上げる。ブロックには JIS 規格のスタンダードブロックのほかに，建材メーカー各社の開発した多彩な化粧ブロックがある（図 2.60）。

画面下段が化粧ブロック，上段は木製フェンス。
図 2.60　ブロック塀
〔新生工業(株)のカタログより〕

なお単価的に高額なのはブロック塀，次いでメッシュフェンス，低額なのはネットフェンスである。

万年塀　鉄筋コンクリート組立塀構成材（JIS A 5409）を現場で組み立てる。コンクリートの独立柱を立て，その縦方向の溝にコンクリート塀の部材を落とし込む。専ら民間で用いられるもので，施工技術の面では最も簡易といえる。しかし，構造的には柱だけでもたせるのであるから，大地震の際を考えると不安が残る（図 2.61）。

擬木柵　丸太のように見える柵であるが，コンクリート製品が多く使われ，プラスチック製品もある（図 2.62）。

RC 塀　現場で鉄筋を組み立て，型枠を組んで，フレッシュコンクリートを打ち込む塀である。コンクリート構造では伸縮目地が必要である。RC（rein-

2. みちと広場

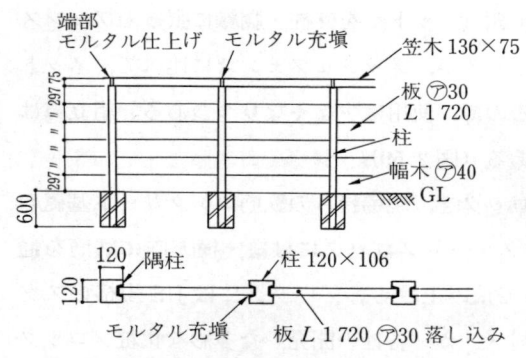

図 2.61 万年塀（L：長さ，⑦：厚さ）

図 2.62 プラスチックの擬木柵（八ケ岳高原道路）

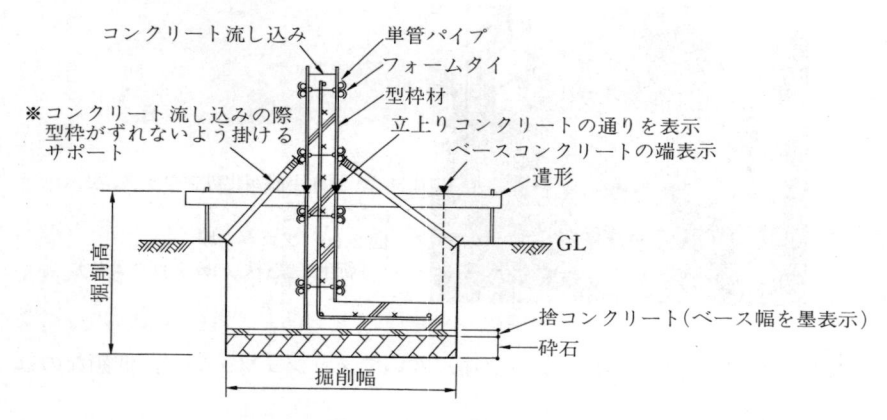

図 2.63 RC 塀の施工

forced concrete）塀にはタイル張りのものもある（**図 2.63**）。

れんが塀 在来のれんがはフレッシュモルタルを使って積み上げるものであったが，現在はブロック塀のように鉄筋を通すれんがも製品化されている。いずれにしてもれんがを高く積むことは，現在の我が国ではあまり行われていない（**図 2.64**）。

そのほかに**縦格子・横格子**（アルミニウム製・スチール製），**ルーバー**（louver，アルミニウム製・スチール製・木製），**人工竹垣**（プラスチック製）などがある。

図2.64 れんが塀
〔新生工業(株)の
カタログより〕

〔2〕 **竹垣・ラティス**

丸太で柱を立て，竹を加工し，しゅろ縄で結束する竹垣は，伝統的な日本庭園の要素であり，多彩な技法がある。竹材は主にまだけを用いる。造園技能士の試験では竹垣の実技が課されており，日本の造園で重視されている技能である（**図2.65**）。

図2.65 竹垣（建仁寺垣，平安神宮）

図2.66 ラティスのある板塀
（シアトル市の住宅）

また，ガーデニングに欠かせない資材として木製のラティス（lattice）があり，広く市販されている。各家庭で敷地や場所に合わせて組み立てて使われ，普及している（**図2.66**）。

2.5.2 囲障の工事手順

メッシュフェンスとブロック塀の工事手順について述べる。遣形を設けるときの測量器具としては，トランシット，レベル，スチール巻尺を用いる。

〔1〕 メッシュフェンスの工事手順

① 遣形に従い，フェンスの支柱の「心出し」（柱ごとに中心の位置を現場に出すこと）を行う。支柱は通常 2 000 mm 間隔（ピッチ）である（図 2.67）。

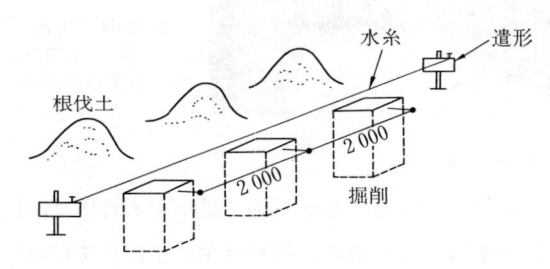

図 2.67 メッシュフェンスのための掘削

② ピッチを出してから，支柱の基礎を設けるために床掘りをする。つぼ掘りとなるので，人力でスコップやダブルスコップを使って掘削する。

③ 支柱の基礎ブロックを設置する前に，砕石を 10 cm ほど敷き込み十分に転圧する。砕石の敷込みはスコップを使って人力で行う。砕石はクラッシャーラン砕石 C-40（表 2.1 参照）または RC-40 を用いる。近年は時代のすうせいで，コンクリートの廃材を砕いて粒度調整した RC の符号が付く再生砕石の利用がほとんどになった。ただし C-40 と RC-40 の施工性を比べれば，前者の方がよく締まってよい。転圧にはランマーやプレートを用いる。砕石の上に基礎ブロックを据え付ける。土の埋戻しを十分に行う（図 2.68）。

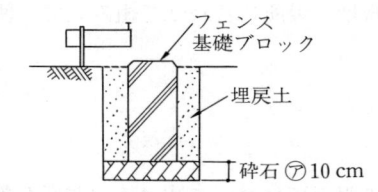

図 2.68 メッシュフェンスの基礎工

④ 支柱を垂直に立て，フレッシュモルタルを十分に突き込んだ後，桟木などで支柱を固定する（図 2.69）。

2.5 囲障工

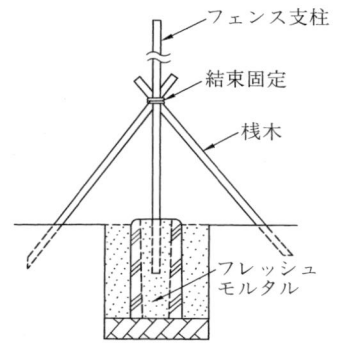

図 2.69 メッシュフェンスの支柱工

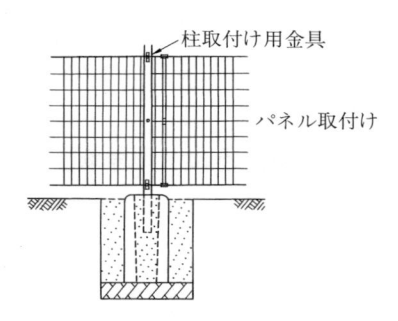

図 2.70 メッシュフェンスのパネル取付け

⑤ モルタルが硬化したのを確認し，胴縁，メッシュパネルをボルトやナットで支柱に取り付ける（図 2.70）。

⑥ 支柱は通常 2 000 mm ピッチであるが，敷地の状況によって，施工延長には端数が出る。その端数に合わせて，適宜メッシュパネルや胴縁の寸法を調整するための端部処理が必要になる。メッシュパネルに現場加工を行うが，サンダーを使ってカットする。切り口にはさびを防ぐため，補修用スプレーなどを吹き付ける。

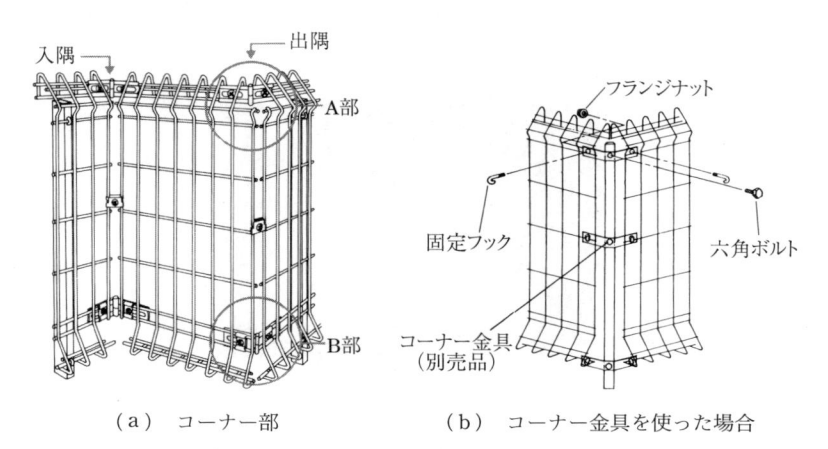

（a）コーナー部　　　　　　（b）コーナー金具を使った場合

図 2.71 メッシュフェンスコーナー部の詳細〔積水樹脂(株)のカタログより〕

2. みちと広場

⑦ フェンスのコーナー部分の支柱の立て方には，コーナーを挟んで2本の自在柱（フリーポール）を立て，フェンスを突付けにする方法と，コーナーに間柱を立てる方法がある。後者の方が仕上げはきれいである（図2.71）。

〔2〕 ブロック塀の工事手順

① 遣形に従い，ブロック塀の通り心出し（塀の延長方向の中心線を出すこと）を行う。

② 根切りをする。施工機械としてはミニバックホーを用いる。施工場所が隣地と接しているから，大型の機械は使えない。

③ 砕石を10〜15 cm 敷き込み，タンパー，ランマー，プレートを用いて転圧する。プレートは振動が小さくてよい（図2.72）。

(a) 床掘り　　　　　　(b) 基礎の砕石転圧

(c) 砕石基礎の上に捨コンクリート打設

図2.72 コンクリートブロック塀

④ その上に捨コンクリート（捨コン）と呼ばれる使い方のフレッシュコンクリートを3〜5cm打設する。今日，工事現場でコンクリートを練ることはほとんどなく，専門の工場から購入しトラックミキサーで搬入する。なお，地盤が軟弱な場合は，砕石の下になる深さ30〜50cmを地盤改良する必要があり，セメントなどを用い，前もって安定させる。

⑤ 捨コンクリートの上に鉄筋コンクリート基礎壁を設ける準備に入る。捨コンクリート上に墨つぼの糸を使って墨で線を引く「墨出し」を行う。鉄

外構と造園工事業

民間のマンションやオフィスビルなど建築外構の工事は，植木はもとよりコンクリートやアスファルト，そしてタイルまで取り扱う。かつて建築外構を総合的に施工する会社は少なかった。

建築外構は受注しても段取りが大切であり，自社で多工種をこなすノウハウがなければ利益は上がらない。自社で多工種をこなすには，そのためのスタッフをそろえる必要があり，そのスタッフたちのために，常に工事を受注していなければならない。

かつて「植木屋」と呼ばれた造園会社の技能者（職人）たちは，現場でタテ・ヨコの線をきっちり出すような仕事は苦手としていた。具体的にいえばブロックを積んだり，タイルを張ったりする仕事のことである。

かつての建築工事業の技術者たちは植木，舗装，囲障については，必ずしも得意のようには見えなかった。また土木工事業の技術者たちは，建築工事業のもとで外構工事に携わろうとはしていなかった。『囲障のカタログを取ってきてほしい』という建築工事業の要望に応えるところから建築外構工事に携わる事業を進めてきた造園工事業もあったのである。

もとはといえば，造園会社が公共事業としての造園工事を受注してコンクリート工事，舗装工事などの工種に直面し，その場面で活躍する技能者たちを確保した結果，彼らに下半期に集中する公共事業だけでなく通年働いてもらえるよう，民間のマンションやビルの外構工事を受注したことであった。

今では造園工事業が道路工事に秀でた土木工事業と，建築外構の仕事について競争する状況もある。

筋を加工し，墨出しの線に従い，鉄筋が壁の中心部に収まるように組み立てる．後日，上に積まれるブロックを貫通する縦筋があるが，それもこのときに立てておく（図2.73）．

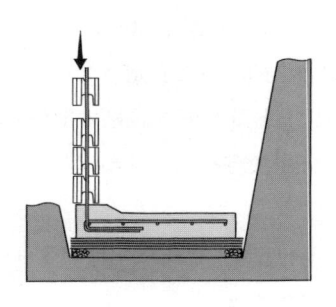

図2.73　型枠ブロック塀による土止め〔エスビック(株)のカタログより〕

⑥ コンクリート基礎壁の型枠を組み立てる．このとき，型枠は天端を水平にし，垂直に立て，「通り」が曲がっていないかを確認する（図2.74）．

（a）　基礎の配筋施工中　　　　　　（b）　基礎の配筋完了

（c）　基礎の捨コンクリート打設

図2.74　コンクリートブロック塀の基礎工

2.5 囲障工

⑦ 型枠内を十分に水打ちし,バイブレーターなどを用いてフレッシュコンクリートを打設する。天端の水分がなくなったころ,金ごてで天端を押さえる。まだ固まらないコンクリートをシートで覆うなどして養生する。なお,鉄筋コンクリート基礎壁の延長が大きい場合は,30 m 以内に 1 箇所,エラスタイトなどで伸縮目地を設ける。

⑧ 基礎コンクリートの硬化後,型枠を取り外す(図 2.75)。

図 2.75 コンクリートブロック塀の基礎コンクリート完了

⑨ 基礎コンクリート壁の上にブロックを積む。ブロックは塀の端部,屈曲部をまず 1 段積み,そのブロックの天端に水糸を張る。1 段目は,その水糸に倣って横へ積み並べていく。そのとき鉄筋の通るところには十分にモルタルを充填する。1 段目を積み終われば,2 段目も端部,屈曲部にまずブロックを積み,その天端に水糸を張り,横へ積み並べていく。目地は通常 1 cm とし,目地モルタルは横目地はブロック上部に十分載せ,上にブロックを載せた後,目地ごてで押さえる。縦目地はブロック間に十分に押し込み,目地ごてで押さえる。通常,1 日の施工高は 5〜6 段(1〜1.2 m)とし,それ以上積むのは翌日にする(図 2.76,3.3.2 項参照)。

ブロックメーカーによる注意事項には次のような例がある。

① ブロック塀は地盤面から 2.2 m の高さまでとする。
② 基礎の厚さはブロックの厚さプラス 2 cm 以上とする。
③ ブロックの配筋は D 10 以上の鉄筋(表 3.2 参照)で縦横 80 cm 以下,高さ 1.6 m 以上の塀はブロックサイズに合わせ配筋する。
④ 高さ 1.2 m 以上の塀は,3.4 m 以内に 1 箇所の控えを設ける。

(a) コンクリートブロック積上げ　　　（b）　縦筋と横筋の配筋状況
　　（縦筋に通しているところ）　　　　　　　（画面中央手前は控え）

(c)　縦筋のフック
図 2.76　コンクリートブロック塀

⑤ モルタルの調合は，目地モルタルでセメント：砂＝1：2.5，充填モルタルでは1：6を標準として現場で練る。

なお，ブロック塀の表面にタイルを張って仕上げる場合，タイルは天端から張っていく。

3 たてもの

3.1 造園と「たてもの」

造園にかかわる「たてもの」には，個人の庭園では藤棚・日陰棚（パーゴラ）や四阿（東屋）・シェルターなどがある。公園などの公共施設ではこのほかに便所（トイレ），管理棟，防災倉庫などがあり，特殊なものでは，動物舎，温室，体育館，文化財建物などが挙げられる。

日陰棚，藤棚，四阿およびシェルターは，基本的には単独で存在するものではなく，庭や公園などの一施設として意味をもつものであり，その利用機能とともに庭や公園を引き立たせる修景要素としても重要な施設である（図3.1，図3.2）。

図3.1 日本庭園の四阿（桂離宮の待合）〔提供：宮内庁京都事務所〕

図3.2 西洋庭園の神殿風シェルター（イタリア）

トイレや管理棟および防災倉庫は主に公園内に設けられるが、これらは公園利用または管理上の機能が十分に果たせられることが重要であり、次に付加価値としての修景も大きな役目となる（**図 3.3、図 3.4**）。

図 3.3 公園内のトイレ　　　　**図 3.4** 公園内の管理棟

公園に建てられる場合は、工期の短縮や安全基準の確保のためプレファブ化した構造のものが多い。これらの施工については公園の工事を受注した造園会社が直接携わることはせず、メーカーと呼ばれるプレファブ製造業の専属施工業者が行っているが、基礎および床（土間）については造園施工として行うこともある。建築物の構造が鉄骨や鉄筋コンクリート造などの場合においても、建築工事業に請け負わせることが多い。

特殊な建築物は、一般に造園工事の一部として扱われることは少なく、建築工事として行われることが多い。造園会社が公園の工事を建築物を含めて請け負ったとしても、現状では建築物に直接携わることはほとんどなく、建築工事業に下請け負わせている。

したがって、造園会社としては現在、建築物を直接施工することはほとんどない。しかし、建築物を含めた造園工事を請け負った場合は、造園工事全体の中での工程管理上、建築工事の施工管理の責任とともに建築施工に対する十分な理解が必要となる。

本章において「たてもの」とは、建築基準法で定義されている「建築物」だけでなく、日陰棚のような屋根のない工作物も含むものとするが、一般的な建築工事で扱われる規模の大きい建築物は対象外とする。

本章の記述は造園の施設の施工に応用展開できる内容が多いはずである。

3.2 たてものの種類

造園工事の中で扱うたてものは，主に街区公園（面積 0.25 ha 程度）や近隣公園（2 ha 程度）などで設置される藤棚，日陰棚，パーゴラ（洋風日陰棚），休憩所，シェルター，四阿，トイレ，ごみ集積所，倉庫（防災倉庫など），展望台，モニュメントなどである。

藤棚とパーゴラおよび四阿とシェルターという名称は，それぞれ公園内のデザインの一つとして表現されている場合が多い。藤棚および四阿は和風のイメージとして呼ばれており，シェルターおよびパーゴラはそれ以外のデザインのものとして呼ばれている。このほかにこの種のたてもの（工作物）はその公園や庭の雰囲気づくりのため，使われ方やデザイン様式によって様々な呼ばれ方をしている。

藤棚や日陰棚およびパーゴラは，都市公園法において修景施設として扱われていることからも，公園の景観づくりの重要な施設である。

四阿，休憩所およびシェルターなどは，日除けや雨宿りのほかに会話や休憩の場の機能が求められるものであり，快適な居場所を提供するものである。

3.2.1 藤　　　棚

藤棚はつる性植物のふじを支える役目を果たすもので，柱と梁および桁だけで構成されている。日本において藤棚を愛でるようになったのは平安時代のころであるといわれている。「源氏物語」にも藤見のことが書かれている。現在，旧芝離宮庭園や亀戸天神においても見事な藤棚が見られる（**図 3.5**）。

ふじのほかにむべやあけび，近年ではキウイ（kiwi），ブドウなどを這わせた棚もある。江戸時代初めの画家久隅守景の「夕顔棚納涼図屛風」に当時の農村生活として夕顔棚の下でくつろぐ親子の絵が描かれている。

一般にふじを絡ませずに構造物だけのものを日陰棚といい，日除けや修景を

98　3. たてもの

図 3.5　亀戸天神の藤棚　　図 3.6　公園の藤棚

目的としている。公園に設置される藤棚や日陰棚は，木製だけでなく鉄製またはコンクリート製などで造られる事例も多くなっている（図 3.6）。

3.2.2　パーゴラ

イタリア語のペルゴラ（pergola）が語源で，ブドウ棚を意味していたものが英語でパーゴラ（pergola）と呼ばれた。パーゴラの目的は強い日ざしを遮ることであるが，つる性植物を這わせない場合は公園や庭の修景要素として，また人が憩うよりどころとなる機能をもっている。

公園などに設けられるパーゴラは木製や石またはコンクリート擬石の柱に木や鋼製の梁や桁を載せたものなどがある（図 3.7，図 3.8）。

図 3.7　スペイン，ミハスのパーゴラ　　図 3.8　公園内のパーゴラ

また，格子垣で囲った涼亭すなわち西洋風四阿をアーバーまたはアーボアー（arbor）といい，パーゴラとトレリスを合わせたようなものもある（図 3.9）。

図3.9 アーバー
〔㈱ザイエンスのカタログより〕

3.2.3 四阿（東屋）

　四阿は，本来は四方に軒を下ろした四注造りといわれる家屋である。古くは中国で「唐令」に四阿とあり，宮殿の屋根がこの造りであった。日本では奈良時代の古文書に「草葺東屋」とあり，草葺(くさぶき)の場合もあったことが知られる。近世の一説で東屋は東国の田舎屋の意としたものもあった。現在では，庭園に設けられる休憩用の簡単な亭を指している。草葺または樹皮葺の方形屋根を4本柱で支えた構造の家屋で，四方の壁は設けず吹放ちとしていたが，近年では，多角形や円形の屋根であったり，柱が4本ではなく多数や1本のものもある。亭（ちん），亭（てい），四阿（しあ），園亭ともいう（図3.10，図3.11）。

図3.10　向島百花園の四阿　　図3.11　旧芝離宮恩賜庭園の四阿

　公園などに設けられる四阿は木製のほかに鋼製やコンクリートの擬木製などがある（図3.12）。屋根は建築基準法の規制により不燃材料である瓦や鋼鈑および屋根用スレートなどで葺く場合が多くなっている。

図 3.12　公園内の四阿

3.2.4　西洋庭園におけるたてもの

　西洋の庭園は建築や彫刻とともに発達してきた歴史をもち，古代ギリシャやローマのリバイバルとして，あるいはイスラム世界や東洋文化の異国趣味（オリエンタリズム）として建築物を取り込んできた経緯がある。

　庭園は古来ぜいたくな趣味としての施設であり，富の象徴であったり，その文化の高さの尺度でもあった。そのことは利用機能以上に修景そのもの，つまり絵画や彫刻と同様に見て楽しむことで満足するためのものであった。そのような庭園において，建築物やその他の構造物は景観要素として重要な位置を占めている。

　日本人が西洋庭園的手法を取り入れたのは明治時代とされており，日本を代表する近代洋風公園である日比谷公園やネオバロック様式の建築と一体化した赤坂離宮（現迎賓館）庭園などが造られた。

　近年になり比較的小さな公園においても，西洋庭園風のたてものを設けることも多くなった。それはキオスク，ロトンダ，パゴダ，ガゼボなどと呼ばれているものである。

　キオスク（kiosk）　語源はトルコなどのイスラム圏で見られる涼亭または四阿である。イスタンブールのトプカプ宮殿の中に本来のキオスクがあるが，これは堅固な石造りとなっている。近年では都市内にある屋台や売店，屋外広告塔などもキオスクと呼ばれている（**図 3.13**）。

　ロトンダ（rotunda）　ロトンダはラテン語の rotundus（円形の）に由来しており，円形神殿を意味している。ギリシャ風の列柱で囲み，屋根はクーポラ

3.2 たてものの種類

図 3.13 トルコ，イスタンブールのトプカプ宮殿のキオスク〔日高健一郎・谷水潤：建築巡礼 17 イスタンブール，丸善 (1994) p. 55 より〕

図 3.14 ローマの公園のロトンダ

(cupola) と呼ばれる球形をかぶせたような形をしている。イタリア後期ルネサンスの建築家パラディオ（A. Palladio）によるヴィラ・ロトンダ（Villa Rotonda）や，フランスのベルサイユ宮殿のプチ・トリアノン宮苑の「愛の神殿」と呼ばれるロトンダが有名である（図 3.14）。

パゴダ（pagoda） インド，中国，ビルマおよび日本などの東洋諸国に見られる塔状の建築物をいう。積層式の高い建築で日本の五重塔や七重塔のようなものである。庭園の建築としてはイギリスのキューガーデンにある 10 層のパゴダが有名である（図 3.15）。

図 3.15 イギリス，キューガーデンのパゴダ

ガゼボ（gazebo）　ガゼボは，凝視する，見つめるを意味する gaze から出てきたもので，見晴らし台のことである。高台に置かれ眺望を楽しむ園亭である。オランダ庭園に設けられたものが起源といわれている。

3.3　たてものの構造

　我が国では古くから木造の建築物が建てられてきたが，明治以降に西欧文明の影響を受け，組積造（そせきぞう）や鉄骨造および鉄筋コンクリート造など多様な構造の建築物が造られるようになった。現在では，地震の多い我が国でも60階を超える超高層ビルが建てられており，技術的進歩は目覚ましいものがある。高層ビルなどの大規模建築物は鉄骨造や鉄筋コンクリートまたは鉄骨鉄筋コンクリート造であるが，小規模な建物では木造をはじめ，組積造や補強コンクリートブロック造もある。

　森林が多い日本では，他の材料より簡単に手に入る木材を使用してきたが，その需要が増えるとともに外国からの輸入材が多くなっている。近年では森林保護の観点から，国内の間伐材などを使う試みもある。

　日本の住まいは，吉田兼好が随筆「徒々草」で「家の作りようは夏をむねとすべし」といっているように，夏の蒸し暑さを和らげることが大切であるとし，開口部の多い木造であった。造園で造られる四阿や日陰棚は正に日本の気候に合った建物であろう。

　建築の構造は多種多様にわたっているが，構造形式として大きく分けると組積式構造，架構式（かこう）構造，一体式構造になる。組積式構造は組積造とも呼ばれ，れんがや石またはコンクリートブロックなどを積み上げる構造である。架構式構造は梁，柱，筋かいなどの細い部材を組み合わせて骨組を造るもので，木構造や鉄骨構造がこれに当たる。一体式構造は，建物全体が一体となるように型を作り，流体を流し込み固めたもので，鉄筋コンクリート造，無筋コンクリート造，鉄骨鉄筋コンクリート造などがある。

3.3.1 組　積　造

　組積造とは，れんが，石およびコンクリートブロックなどの比較的小単位の材料を積み上げていく方法である。この構造は材料の圧縮力のみが構造耐力となることから，圧縮力をできるだけ広く下部に伝える仕組みが必要であり，そのために目地を縦に通すことをせず互い違いにするなど様々な積み方がある（図3.16）。

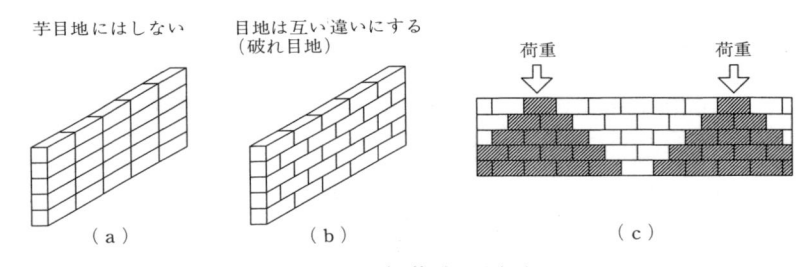

図3.16　組積法の原則

〔1〕 組積造の構造と施工

　組積造は耐火性には優れているが耐震性に問題があるため，地震の多い日本では鉄筋で補強したものが多い。

　建築基準法において組積造について規定されているが，この場合の組積造は鉄筋などで補強されていないものを示している。

　施工に当たっては，まず，れんがなどの材料を十分に水洗いする。乾燥していると目地モルタルの水分を吸い取ってしまうおそれがあるためである。また積むとき，目地は芋目地とならないようにする。芋目地とは縦目地が一直線に通ることをいう。組積造の基礎は一体の鉄筋コンクリート造か無筋コンクリート造でなければならない。壁となる部分の長さは最長で10 mまでとされている。壁の厚さは建築物が一階建ての場合で，壁の長さが5 m以下のとき20 cm以上とるものとし，5 mを超えるとき30 cm以上確保しなければならない（図3.17）。

　二階建て以上の場合で，壁の長さが5 m以下のとき30 cm以上，5 mを超えるとき40 cm以上確保しなければならない。かつ，各階の壁の高さの15分

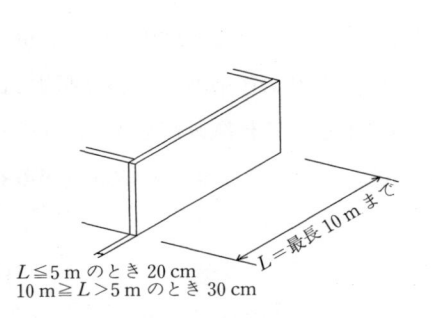

$L≦5\,m$ のとき 20 cm
$10\,m≧L>5\,m$ のとき 30 cm

図 3.17 組積造の壁の長さと厚さの関係（平屋建て）

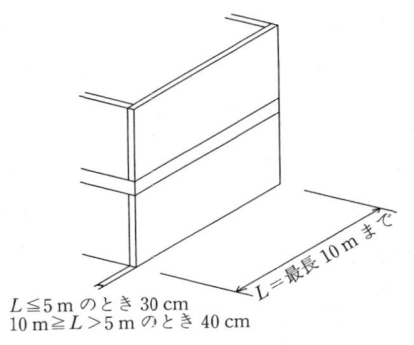

$L≦5\,m$ のとき 30 cm
$10\,m≧L>5\,m$ のとき 40 cm

図 3.18 組積造の壁の長さと厚さの関係（二階建て）

の 1 以上の厚さをとらなければならない（**図 3.18**）。

　また，建築物の高さが 4 m を超えるものには，頂部に鉄筋コンクリートの梁または屋根を設けなければならない。その他，開口部の幅や手すりとする場合の規定も示されている。

　このように組積造は壁ばかり厚くて効率のよくない建物となるため，あまり多くは使われていない工法であるが，組積造の材料については鉄筋コンクリート造の化粧材として使用されることも多い。

〔2〕 れ ん が

　れんがは土を成形し焼成したもので，古くから建築の材料として，古代エジプト・ギリシャ・ローマ時代から普及していた。日本では明治の初め以来使用されてきたが，関東大震災以後は鉄筋や鉄骨で補強する工法か，簡易な構造物または装飾材として使われるようになった。

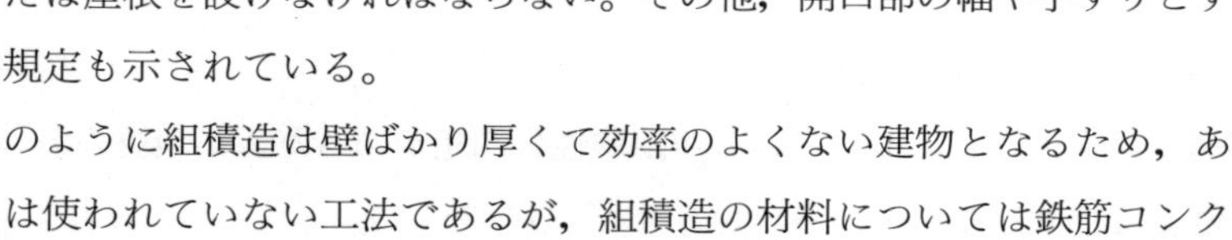

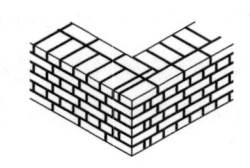

(a) イギリス積み　　(b) フランス積み　　(c) ドイツ積み

図 3.19 れんがの積み方

れんがの種類としては普通粘土から作った普通れんが，耐火粘土で作った耐火れんがのほか，空洞れんがや多孔質れんがなどの特殊なものがある。れんがは構造上の理由からイギリス積みやフランス積みなど様々な積み方があるが，それぞれの目地模様は装飾的に扱われている（図 3.19，図 3.20，図 3.21）。

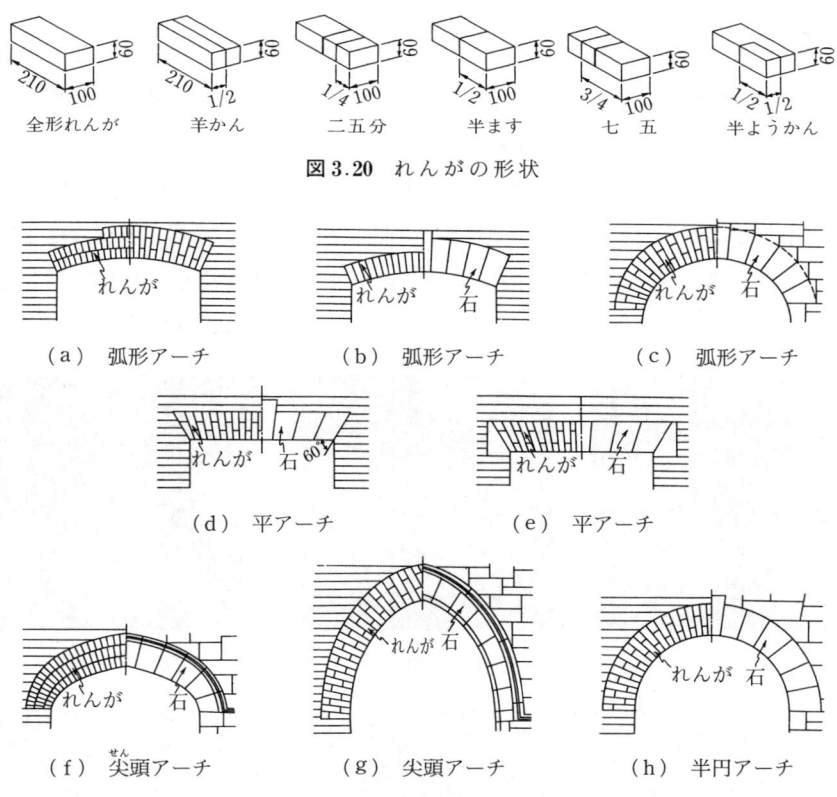

図 3.20　れんがの形状

図 3.21　れんが積みの開口部〔日本建築学会：構造用教材 I，丸善（1974）p.11 より〕

〔3〕石　材

石造は今日の日本では，コンクリート造の化粧材としてその形を残している。かつて日本で大谷石の塀が多く見られたが，現在では建築基準法の規制により，鉄筋や鉄骨の補強のない組積造はほとんど造らなくなった。

建築で使われる石材の岩石の種類は花こう岩，大理石，安山岩，砂岩，凝灰

岩などがあるが，これらはそれぞれに性質が異なっており，使用される場所や仕上方法も異なっている（図2.19参照）。強度は花こう岩が高く，大理石，安山岩，砂岩，凝灰岩の順となっている。耐火性では花こう岩が最も弱く，大理石も弱い。凝灰岩である大谷石は耐火性が強いことから，かつて蔵の壁に使われていた。吸水率が高い砂岩や凝灰岩は，水にぬれると色が変わり表情としてはおもしろいが，寒くなると石材に含まれた水分が凍結して損傷することもある。耐摩耗性では花こう岩が最も摩耗しにくく，大理石はやや劣るが，建築の床材として両方ともよく使われる。

　石材はその仕上げによって様々な表情を出す材料である。石の重量感や硬さ，冷たさなど石質に応じた仕上げがとられている。花こう岩は多様な仕上方法ができ，本磨き，水磨き，機械切り，バーナー，こぶ出し，割肌，びしゃん，のみ（鑿）切り，小たたきなどの方法がある（**図3.22，図3.23**）。

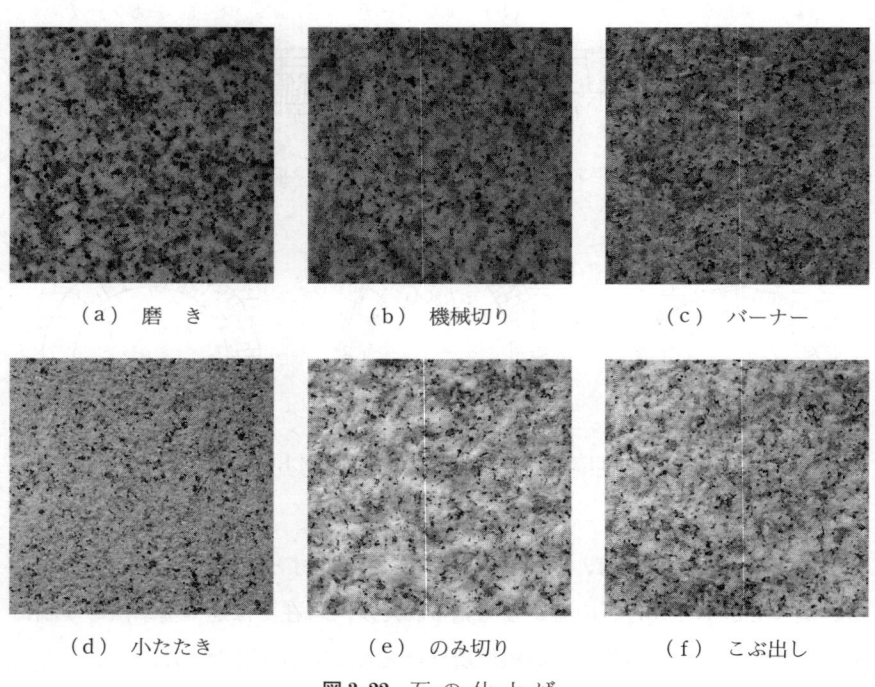

(a) 磨き　　(b) 機械切り　　(c) バーナー

(d) 小たたき　　(e) のみ切り　　(f) こぶ出し

図3.22　石の仕上げ

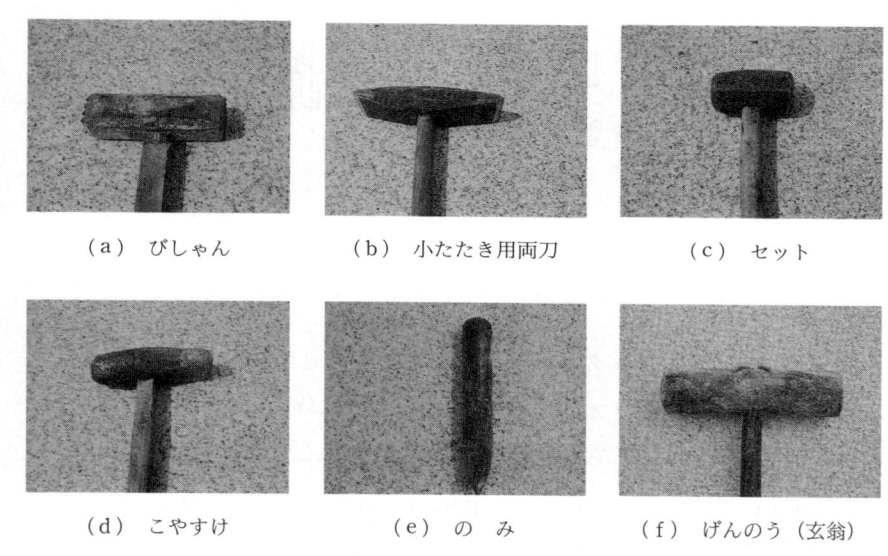

(a) びしゃん　　(b) 小たたき用両刃　　(c) セット

(d) こやすけ　　(e) のみ　　(f) げんのう（玄翁）

図3.23　仕上げ用道具〔つげ石材(株)のカタログより〕

造園で行う組積造の構造物では建築物はほとんどなく，高さ2m以下の塀や腰壁などの構造上見た目にも安定したもので，構造計算を必要とするものが造られることは少ない。

3.3.2　補強コンクリートブロック造

空洞のあるコンクリート製のブロックに鉄筋を挿入し，モルタルや生コンクリートを充塡し補強した組積造である。建築で多く使われる空洞コンクリートブロックは，形状により基本ブロックと異形ブロックに分けられる。近年ではれんがやセラミックブロック，大谷石ブロックなどの種類もできており，これらを鉄筋およびモルタルで補強した構造のものもある。

〔1〕　**空洞コンクリートブロック**

空洞コンクリートブロックの基本ブロックの寸法は，長さ390mm，高さ190mmで厚さは100，120，150，190mmなどとなっている（**図3.24**）。

コンクリートブロックは火山砂利を使用した軽量コンクリートブロックと川

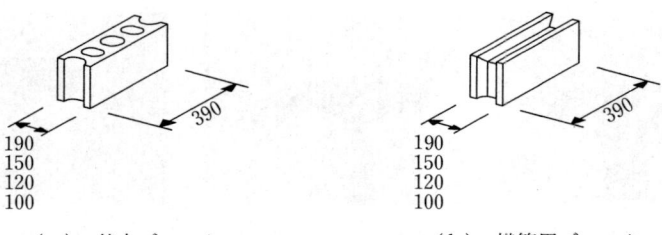

(a) 基本ブロック　　　　　(b) 横筋用ブロック

図 3.24　空洞コンクリートブロックの形状例

砂利を使用した重量コンクリートブロックに大別できる。また強度によってA種ブロック，B種ブロック，C種ブロックなどに分けられ，それぞれの圧縮強度および気乾かさ比重がJISにより定められている（**表 3.1**）。

表 3.1　コンクリートブロックの圧縮強度および気乾かさ比重〔JIS A 5406〕

種　類	圧縮強度〔N/cm²〕	気乾かさ比重	吸水量〔g/cm³〕
A種ブロック	392.27 以上	1.7 未満	0.45 以下
B種ブロック	588.40 以上	1.9 未満	0.35 以下
C種ブロック	784.53 以上	—	0.20 以下

A種ブロックは平屋建て，または間仕切壁などの帳壁（カーテンウォール）に使用される場合が多い。

〔2〕　**補強コンクリートブロック造の構造**

補強コンクリートブロック造の耐力壁は厚さ15 cm以上とし，耐力壁に囲まれた部分の平面積を60 m²以下とすることが建築基準法にうたわれている。ただし，高さが4 m以下で延べ面積が20 m²以内はこの限りではない。

構造は一体となっている鉄筋コンクリート造の布基礎を設けて，この基礎に80 cmピッチで縦筋を立ち上げ，この鉄筋の間に二つずつ空洞コンクリートブロックをはめ込んで，モルタルで結合していくものである。鉄筋を配置した空洞部分はモルタルまたはコンクリートを充填する。鉄筋は径9 mm（D 10）以上のものを，縦横ともに80 cmピッチで入れる。端部または隅角部には径12 mm（D 13）以上を入れる。1日の積上げ高さは6段（1.2 m）以下とする。

積み上げたブロックの頂部は組積造と同じように臥梁（がりょう）と呼ばれる鉄筋コンクリート造の梁を設け，縦筋を定着させる。

補強コンクリートブロック造は，基礎から臥梁に1本で通した縦筋とブロックに配された横筋にコンクリートブロックをはめ込んで充填コンクリートまたはモルタルと目地モルタルで一体化した壁体構造である。

〔3〕 **補強コンクリートブロック造の利点**

補強コンクリートブロック造は住宅建築などの不燃化の目標の一つとして開発されてきたが，その利点としては次のようなことがある。

① 壁体はセメント製品であるので耐久的・耐火的である。

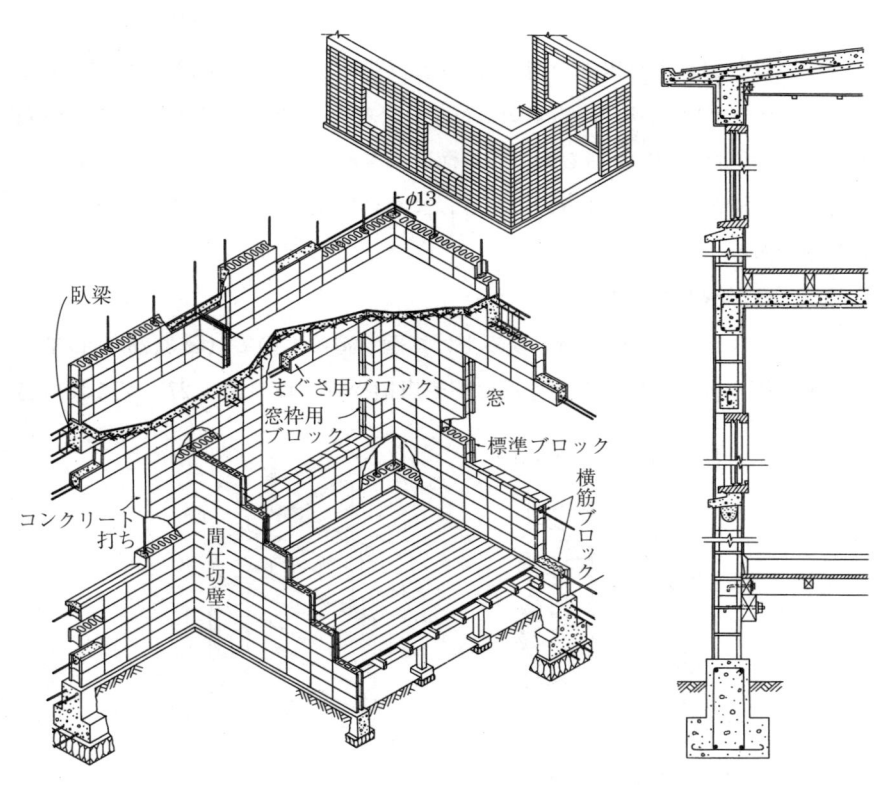

図3.25 補強コンクリートブロック造〔日本建築学会：構造用教材I，丸善 (1974) p.13 より〕

② 耐震・耐風的である。
③ 水害により流出・崩壊することがない。
④ 防暑・防寒・防音的である。
⑤ 工事費が鉄筋コンクリート構造より比較的安価である。

造園で行われる補強コンクリートブロック造類には，公園のトイレや防災倉庫などがある。これらは平屋建てが一般的であり，かつ小屋部は木造または鉄骨の骨組に屋根を葺く併用構造が多い（図 3.25）。

3.3.3 木　　　造

建築の主要部分である骨組に木材を使用したものである。基礎および屋根，壁の仕上げなどは木材以外で造られる場合が多い。日本の木構造は真壁造と大壁造が一般的であるが，古来から行われてきた工法で現在ログハウス（log house）と呼ばれる校倉造もある。木構造は木質構造と呼ばれる場合もある。

日本の木材としては，すぎ，ひのき，まつが代表的なものであり，いずれも針葉樹である。

〔1〕 ログハウス

ログハウスは木材を横に重ね積み上げて壁を造るもので（図 3.26），日本では弥生時代の倉や奈良の東大寺正倉院や唐招提寺宝蔵（図 3.27）がこれに当

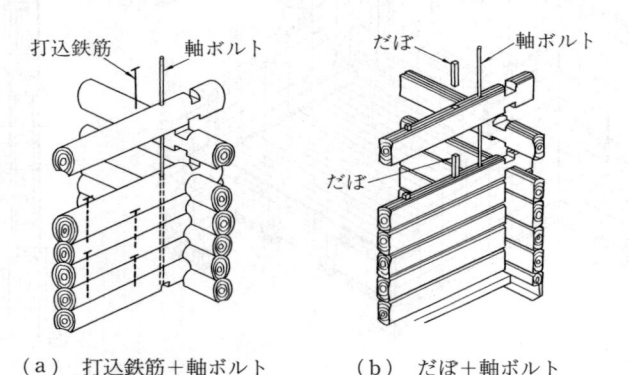

（a）　打込鉄筋＋軸ボルト　　　（b）　だぼ＋軸ボルト

図 3.26　積層材の取付方法〔日本建築学会：構造用教材，1998 年版，丸善，p.30 より〕

図 3.27 唐招提寺の宝蔵　　図 3.28 公園内のログハウスの作業小屋

たる。近年，日本で造られるログハウスは別荘地などに多く見られるが，カナダや北欧のデザインを模したものである（図 3.28）。

〔2〕 真壁造・大壁造

真壁造は柱や梁などの骨組を外観に現すもので，和風建築に見られる伝統的構法である。大壁造は柱や梁などの骨組を壁の仕上げの内部に隠し，外観に現さないものである。近年では建物が敷地ぎりぎりまで建てられることから，建築基準法の延焼防止に関わる規制で木造の柱や梁を外壁として現すことができないため，大壁造が多くなっている。しかし，内部の仕上げとして和室は真壁造となっており，柱や鴨居などを現している。

真壁造，大壁造とともに和風構造，洋風構造として区別される構造で小屋組

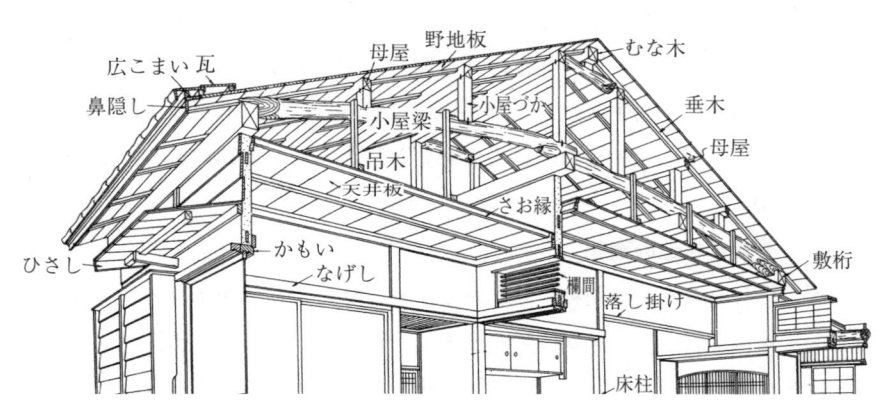

図 3.29 和小屋〔日本建築学会：構造用教材 I，丸善（1974）p.18 より〕

があり，和小屋と洋小屋がある。和小屋は，壁の上部に設けられる桁や敷梁に小屋梁を架け渡し，この梁に束(つか)を立て上部に母屋(もや)，その上に垂木(たるき)を載せ屋根を葺くものである（図 3.29）。洋小屋と比べ，斜材がないため水平力に弱いことと，大きく梁間(はりま)をとることが難しい。洋小屋は陸梁(ろくばり)，合掌，束，方杖(ほおづえ)などでトラス構造を形成するもので，大梁間がとれる（図 3.30）。

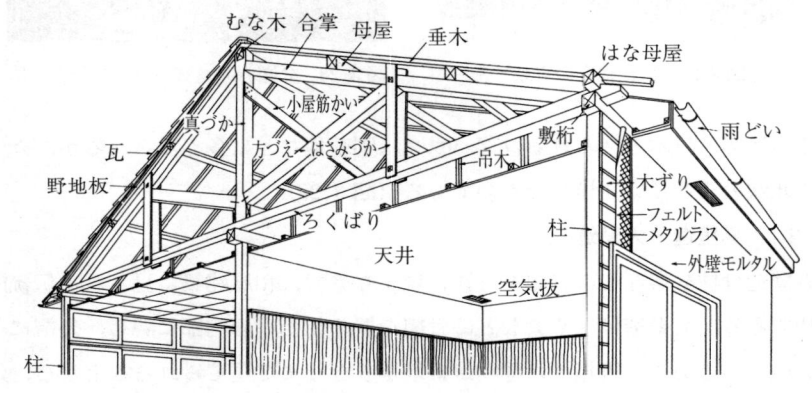

図 3.30 洋小屋〔日本建築学会：構造用教材 I，丸善（1974）p. 18 より〕

〔3〕 ツーバイフォー

日本の木造は在来軸組構法とも呼ばれるが，これに対して近年北米から輸入された枠組壁工法（ツーバイフォー（two-by-four）構法）がある。枠組壁工法は 2 インチと 4 インチまたはその倍数となる断面の木材に板材を多量の釘で打ち込んで壁体（パネル）を作り，この壁全体で支える構造となっている。この工法は日本では工場生産された壁を現場で組み立てる方法が多くとられているが，これは工期の短縮や熟練職人を必要としないなどの利点があるためである（図 3.31）。

〔4〕 造園と木造の建物

造園で行われる木造の建物は，四阿やパーゴラおよび休憩所などが多い。木造のトイレはにおいや汚れが吸着しやすく洗浄しにくいため，市街地にはあまり設けられないが，自然公園など景観を重視し，周辺に悪影響を及ぼすことが少ない場所に設けられることがある。四阿やパーゴラなどは丸太材やむくの角

3.3 たてものの構造　　113

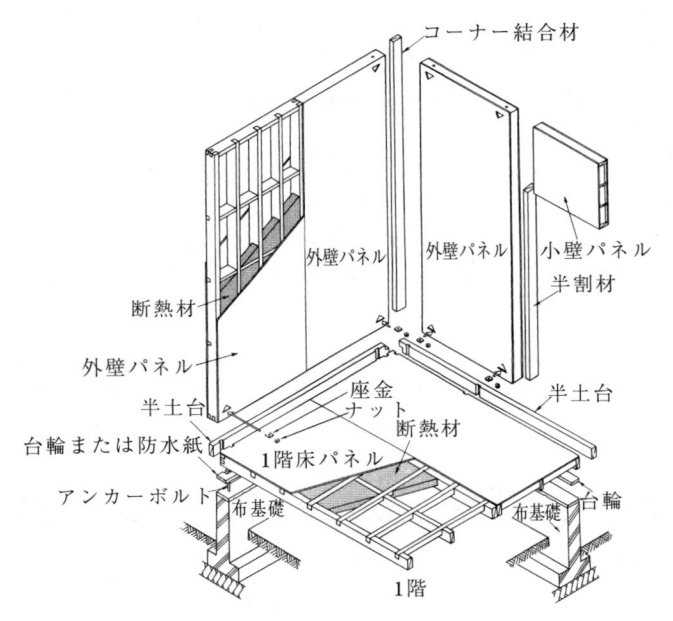

図 3.31 ツーバイフォー構法〔日本建築学会：構造用教材，1998 年版，丸善，p.31 より〕

材を使うことが多く，防蟻剤や防腐剤を加圧注入し，木肌をそのまま現したものが多い。休憩所やトイレを木造とする場合は，素朴なイメージのあるログハウス的な構造もある。

3.3.4 鉄　骨　造

構造上主要な部分を形鋼や鋼管などの鋼材を組み合わせて造るもので，組積造やコンクリート造に比べ軽量で靱性に富んだ構造である。建築では高層のものや大スパンのものに使われることが多い。鉄骨造（steel 造，S 造）は最初，鉄橋など土木構造物として造られた。建築としては 18 世紀の終わりにイギリスにおいて，木材に代わって鉄骨の骨組による工場が造られたのが始まりである。その後，1851 年にロンドンで行われた万国博覧会会場に鉄とガラスで造られたクリスタルパレスが有名である。日本においては 19 世紀末に東京で鉄

骨造の工場が建てられた。

鉄骨の構造には，ラーメン（rigid-frame）構造，トラス（truss）構造，アーチ（arch）構造およびこれらの組合せなどの形式がある（図3.32）。

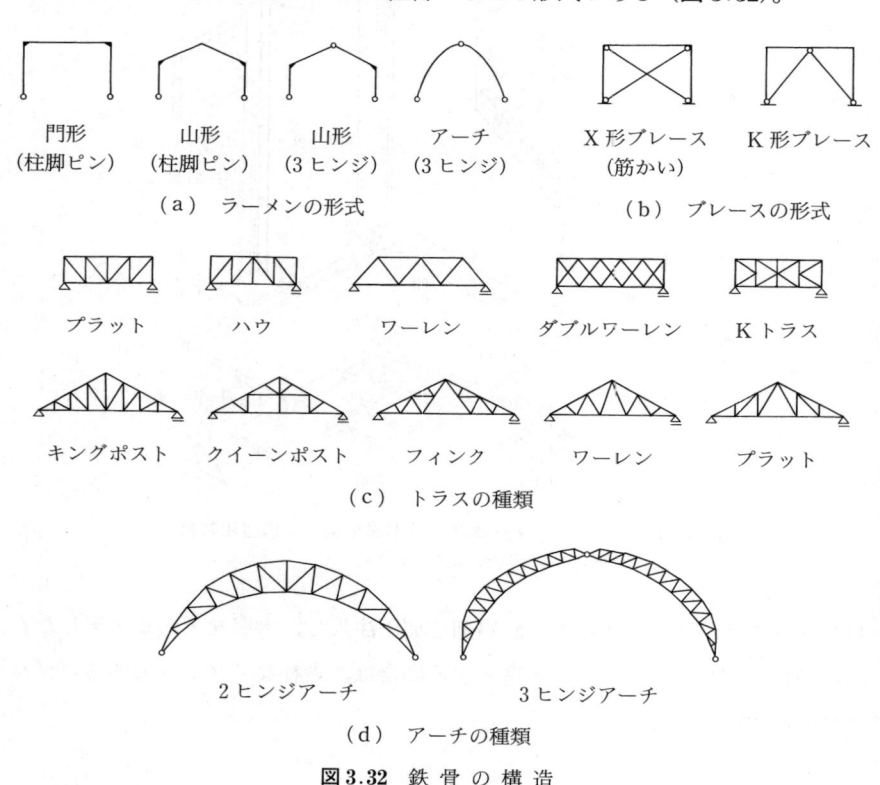

門形　　　　　山形　　　　　山形　　　　アーチ　　　　X形ブレース　　K形ブレース
（柱脚ピン）　（柱脚ピン）　（3ヒンジ）　（3ヒンジ）　　（筋かい）

（a）　ラーメンの形式　　　　　　　　　　　　　　　（b）　ブレースの形式

プラット　　ハウ　　ワーレン　　ダブルワーレン　　Kトラス

キングポスト　クイーンポスト　フィンク　ワーレン　プラット

（c）　トラスの種類

2ヒンジアーチ　　　3ヒンジアーチ

（d）　アーチの種類

図3.32　鉄骨の構造

　ラーメン構造とは柱と梁の接合部が堅く結合されているもの，トラス構造とは三つの部材が3点で止められることで三角形が変形しないもの，アーチ構造とは円弧状の部材を2点で止めたものをいう。
　鉄骨の接合は，かつてはリベット（rivet）と呼ばれる赤熱したピン状のもので部材を挟み固定していた。現在ではボルトまたは溶接で接合している。
　鉄骨は500℃以上の火熱を受けると強度が落ち変形しやすくなる。このため耐火建築とするためには，柱や梁などの構造部は表面をモルタルやコンクリ

ートなどで被覆する。また，さびやすいことも欠点でさび止め処理をする必要がある。

鉄骨の鋼材には多様な断面形状がある。一般には**図3.33**のような形状と名称となっている。

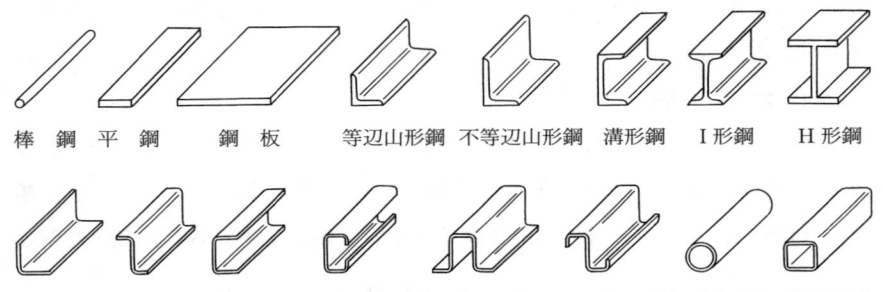

棒鋼　平鋼　鋼板　等辺山形鋼　不等辺山形鋼　溝形鋼　I形鋼　H形鋼

軽山形鋼　軽Z形鋼　軽溝形鋼　リップ溝形鋼　ハット形鋼　リップZ形鋼　鋼管　角形鋼管

図3.33　鋼材の形状と名称

小規模な建物は柱や梁などの主要な構造と小屋組を鉄骨とし，壁はパネルとする場合もある。造園で行われる鉄骨造の建物は四阿，パーゴラ，休憩所，トイレなどがあるが，休憩所やトイレの壁をパネル化している場合が多い（図3.35参照）。

3.3.5　鉄筋コンクリート造

鉄筋コンクリート造（reinforced concrete造，RC造）は1867年にフランスの造園家J.モニエが考えたといわれており，日本では1903年に京都の運河に架けられた橋が最初とされている。

造園工事で行われる鉄筋コンクリート造の構造物は，トイレや休憩所をはじめ園内の小橋や擁壁およびモニュメントなど様々である（図3.36参照）。

〔1〕　鉄筋コンクリート造の特徴

鉄筋コンクリート造は本来，現場においてフレッシュコンクリートを打ち込んで造るものであるが，工期の短縮と品質の確保および職人不足への対策を目的として，工場で鉄筋コンクリート製品を造り，現場で組み立てる工法もあ

る。この方法はプレキャストコンクリート構造と呼ばれている。

　鉄筋コンクリート構造は，鉄筋とコンクリートの長所を生かした効率のよい構造で，多様な形状を造りだせることから広く行われる工法である。鉄筋は引張力に対しては強いが，火に弱く，さびやすい。コンクリートは引張力に弱いが圧縮力に強く耐火性があり，アルカリ性であることから鉄筋のさびを抑える効果がある。

〔2〕鉄　　筋

　鉄筋は滑らかな円筒形の普通丸鋼（丸鋼）と，コンクリートとの付着をよくするために節を設けた異形丸鋼（異形鉄筋または異形棒鋼ともいう）の2種類ある（JIS G 3112）。一般に使用されているのは異形丸鋼である。普通丸鋼は

表3.2　異形丸鋼の種類

呼び名	重量〔kg/m〕	公称直径 d〔mm〕	最外径 D〔mm〕	公称周長 l〔cm〕	公称断面積 s〔cm²〕
D 10	0.560	9.53	11	3.0	0.713 3
D 13	0.995	12.7	14	4.0	1.267
D 16	1.56	15.9	18	5.0	1.986
D 19	2.25	19.1	21	6.0	2.865
D 22	3.04	22.2	25	7.0	3.871
D 25	3.98	25.4	28	8.0	5.067
D 29	5.04	28.6	33	9.0	6.424
D 32	6.23	31.8	36	10.0	7.942
D 35	7.51	34.9	40	11.0	9.566
D 38	8.95	38.1	43	12.0	11.40
D 41	10.5	41.3	46	13.0	13.40
間隔	● {(呼び名の数値)×1.5＋(最外径)}以上 ● {(粗骨材最大寸法)×1.25＋(最外径)}以上 ● {25 mm＋(最外径)}以上				
あき	●(呼び名の数値)×1.5 以上 ●(粗骨材最大寸法)×1.25 以上 ● 25 mm 以上				

〔日本建築学会：構造用教材，1998年版，丸善，p.50 より〕

3.3 たてものの構造　117

両端を曲げ（フック，hook という）なければならないが，異形丸鋼は柱や梁の出隅部や煙突の部分を除き両端を曲げなくともよいことになっている（**表 3.2，表 3.3**）。

表3.3　鉄筋末端部の折曲げ形状

折曲げ角度	種　類	折曲げ内法直径（D）
180° 余長 $4d$ 以上 135° 余長 $6d$ 以上 90° 余長 $8d$ 以上	SD 295 A SD 295 B SD 345	$3d$ 以上（D 16 以下） $4d$ 以上（D 19〜D 38）
	SD 390	$5d$ 以上

d：異形鉄筋に用いた呼び名の数値

鉄筋の末端部にフックを付ける
1) 帯筋およびあばら筋
2) 柱および梁（基礎梁を除く）の出隅部（右図●印）

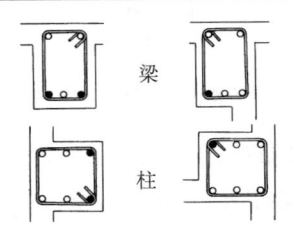

〔日本建築学会：構造用教材，1998年版，丸善，p.50より〕

建築で使われる鉄筋は普通丸鋼では直径 9，13，16，19，22，25，28，32 mm などがあり，異形丸鋼は呼び名 D 10，D 13，D 16，D 22，D 25，D 29，D 32 などがある。また，強度（引張試験）により SD 295 A・B，SD 345，SD 390 などの種類がある（表3.3）。

鉄筋は**表3.4**に示すように，適切なコンクリートの被り厚さを確保しなくてはならない。

鉄筋は運搬および加工組立上効率のよい長さに切ってある。したがって現場

表 3.4　鉄筋の被り厚さ

部　位			設計被り厚さ〔mm〕	建築基準法施行令（被り厚さの最小値）
土に接しない部分	屋根スラブ 床スラブ 非耐力壁	屋　内	30	20
		屋　外	40[(1)]	
	柱 梁 耐力壁	屋　内	40	30
		屋　外	50[(2)]	
	擁　　　　　壁		50[(3)]	—
土に接する部分	柱・梁・床スラブ・耐力壁		50	40
	基　礎　・　擁　壁		70	60

注：(1) 耐久性上有効な仕上げのある場合，係員の承認を受けて 30 mm とすることができる。
　　(2) 耐久性上有効な仕上げのある場合，係員の承認を受けて 40 mm とすることができる。
　　(3) コンクリートの品質および施工方法に応じ，係員の承認を受けて 40 mm とすることができる。

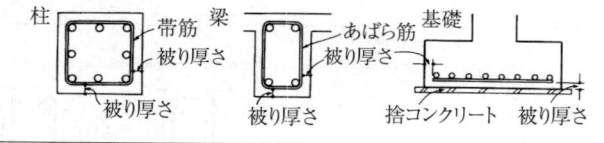

〔日本建築学会：構造用教材，1998年版，丸善，p.50 より〕

において組むときに結束しなければならない。鉄筋は重ね合わせて結束する（これを継手という）が，重ねる長さやコンクリート内にのみ込ませる長さ（定着という）について，コンクリートの強度や重ねる場所による規定がある。ただし太い鉄筋の場合はガス圧接継手や特殊な継手方法もある（表 3.5）。

〔3〕　コンクリート

コンクリートは打設して 4 週間後の圧縮強度と骨材の大きさと打設時の軟らかさにより種類が決められている。

造園工事に使用するコンクリートの基準強度は 16，18，21 N/mm² などがある（N は「国際（SI）単位」ニュートン）。

フレッシュコンクリートはセメント，水，骨材および必要に応じた混和材料を，適当な割合で調合して練り混ぜたものである（1.3 節参照）。骨材の最大

表3.5 鉄筋の定着および重ね継手の長さ

種　　類	コンクリートの設計基準強度〔kgf/cm²〕	重ね継手の長さ (L_1)	定着の長さ 一　般 (L_2)	定着の長さ 下端筋 (L_3) 小梁	定着の長さ 下端筋 (L_3) 床・屋根スラブ
SD 295 A SD 295 B SD 345	150 180	$45\,d$ または $35\,d$ フック付き	$40\,d$ または $30\,d$ フック付き	$25\,d$ または $15\,d$ フック付き	$10\,d$ かつ $150\,\mathrm{mm}$ 以上
SD 295 A SD 295 B SD 345	210 225 240	$40\,d$ または $30\,d$ フック付き	$35\,d$ または $25\,d$ フック付き		
SD 295 A SD 295 B SD 345	270 300 360	$35\,d$ または $25\,d$ フック付き	$30\,d$ または $20\,d$ フック付き		
SD 390	210 225 240	$45\,d$ または $35\,d$ フック付き	$40\,d$ または $30\,d$ フック付き		
SD 390	270 300 360	$40\,d$ または $30\,d$ フック付き	$35\,d$ または $25\,d$ フック付き		

1) 末端のフックは，定着長さに含まない．
2) 耐圧スラブの下端部の定着長さは，一般定着（L_2）とする．
3) 直径の異なる重ね継手長さは，細い方の d を用いる．
4) 重ね継手は次のいずれかによる．

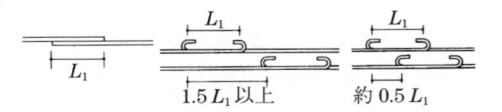

〔日本建築学会：構造用教材，1998年版，丸善，p.50 より〕

の大きさは 20, 25, 40 mm の3種類となっている．建築の場合，柱や壁などのように幅が狭い上に鉄筋の密度が高いため，コンクリートが十分に充填できるように骨材は 20 または 25 mm のものが使われる．軟らかさについては，スランプ値で表されるが，スランプ値が大きいほど軟らかくなり，コンクリートを打ち込むときに施工しやすくなる．しかし，セメント量の調合やコンクリートが固まるときの沈下亀裂などの問題からあまり軟らかいものは使わない．

スランプ値は，5, 8, 12, 15, 18, 21 cm の規格があるが，スランプ値5

cm のものは骨材が 40 mm と大きく建築ではあまり使われない。一般的には 15 または 18 cm のものを使用するが，コンクリートポンプ車などで圧送する場合は 21 cm を使うこともある（**図 3.34**）。

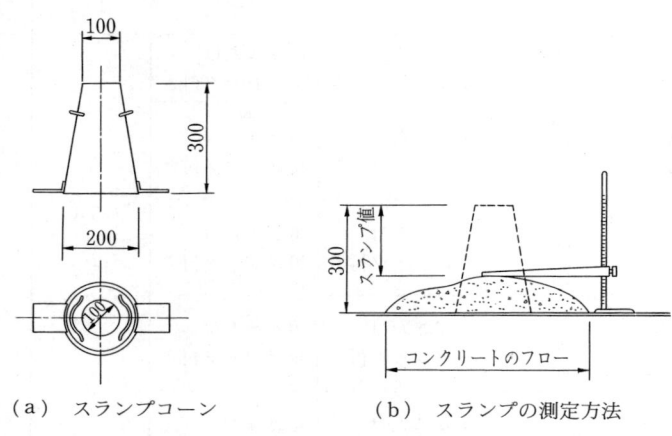

（a） スランプコーン　　　　（b） スランプの測定方法
図 3.34　コンクリートのスランプ試験（図 1.21 参照）

3.3.6　プレファブ造

プレファブリケーションを取り入れた構法，一般には工場などで作られた部材を現場で組み立てるものをいうが，構造としてはコンクリート系，木質系，金属系，プラスチック系およびこれらの組合せのものがある。メーカーにより様々な製品または工法（構法）があり，建築基準法第 38 条の規定による「特殊の構法」として建設大臣（現国土交通大臣）に認定された構法としているものもある。

〔1〕　**コンクリート（セメント）系プレファブ**

コンクリート系はプレキャストコンクリートともいうが，普通コンクリート，軽量骨材コンクリートあるいは気泡コンクリートなどで作られている。比較的大きな建築の場合は柱や梁，壁板および床板などの部分を製作したものを現場で組み立てるが，公園のトイレや休憩所などの小規模なものは箱体として製作し，現場に設置するだけの方法をとることもある。

組立式の場合はボルトなどの金物で各部材を結合するが，大規模建築では部材から鉄筋を出して，現場打ちのコンクリートで結合する併用形もある（図3.35，図3.36）。

図3.35　鉄骨造のトイレ

図3.36　鉄筋コンクリート造のトイレ

また，鉄筋ではなくカーボンファイバー（炭素繊維）やグラスファイバー（ガラス繊維）などで補強したものもある。これらをCRC（carbon fiber reinforced concrete）およびGRC（glass fiber reinforced cement）という。

GRCは珪砂，セメント，水，ガラス繊維を混ぜ合わせて作り，一般のセメント製品より薄く，軽量化が図られている。しかし構造材としては使わず，鉄骨構造の仕上材として使用している（図3.37，図3.38）。

図3.37　GRC製トイレ〔三晃商事(株)のカタログより〕

図3.38　RC造ユニットトイレ〔(株)ホクショウのカタログより〕

〔2〕 木質系プレファブ

現代の木造は工場で加工（プレカット）した柱，梁などの部材を現場で組み上げていくので，もともとプレファブ化された工法といえるが，ここでいうプ

レファブは壁や床および屋根などを工場で板状に製作し，現場での作業を簡略化したものである。

一般に枠組壁工法がこれに当たり，住宅などに多く見られるが，公園のトイレや休憩所などではあまり使われない。

〔3〕 **金属系プレファブ**

金属系プレファブはスチール，ステンレス，アルミニウムなどがあるが，いずれも壁板などは中空として軽量化を図っている。中空部の補強材としては木，紙，発泡材または他の鋼材などを使っている。

アルミニウム系パネル構造（金属板サンドイッチパネルによる壁式構造平屋建建築物） 構造材となる耐力壁は，表面にアルミニウム板を使用し，裏打材に普通合板（ベニヤ合板）またはパーティクルボード（particle board，木材のチップ，chip を固めた板材）などを張り，ペーパーハニカムまたはアルミニウムハニカム（aluminum honey comb）を用いたサンドイッチパネルとし，屋根は表面を鉄板またはアルミニウム板としたペーパーハニカムまたはアルミニウムハニカムのサンドイッチパネルとした構成となっている。この部材を現場施工の鉄筋コンクリート基礎にアルミニウム製の土台を取り付けて組み立てるものである。上記の構法は建築基準法38条の大臣認定を受けているが，屋根構造を変更する場合，例えば小屋組を架け屋根形状を変える場合は別途構造計算を要することとなる（**図 3.39，図 3.40**）。

図 3.39 アルミニウムプレファブトイレ
〔(株)住軽日軽エンジニアリングのカタログより〕

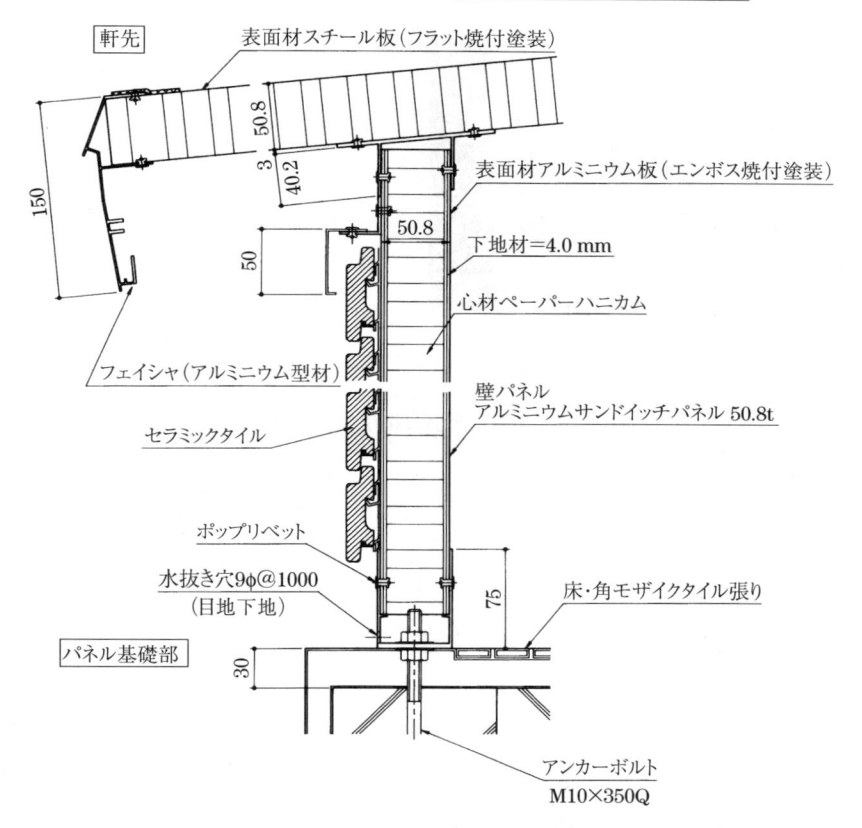

図 3.40　アルミニウムプレファブの構造〔(株)住軽日軽エンジニアリングのカタログより〕

〔4〕 **プラスチック系プレファブ**

　プラスチック系プレファブで代表的なものにはガラス繊維強化プラスチック(fiber glass reinforced plastic, FRP) がある。ガラス繊維に不飽和ポリエステル樹脂を含浸させて形作るもので，自由な造形が可能である。プラスチック材の中で特に構造的強度をもち，浴槽や高置水槽などに使われている。強アルカリや直火には弱く傷つきやすいこともあり，公園のトイレに使うときは仮設とする場合が多い（図 3.41）。

124　3. た　て　も　の

図 3.41　FRP製トイレ
〔三晃商事㈱のカタログより〕

3.4　たてものの施工工程

　造園で行われる建築の施工工程については，造園工事全体の中で他工事との順番や作業場所の確保などを考慮して，適切なスケジュールを立てなければならない。特に建築工事に伴い周辺に影響するものとして，足場の組立解体や給水，排水，電気などの埋設物接続があり，これらを作業工程に組み込んでおく必要がある（**図 3.42**）。

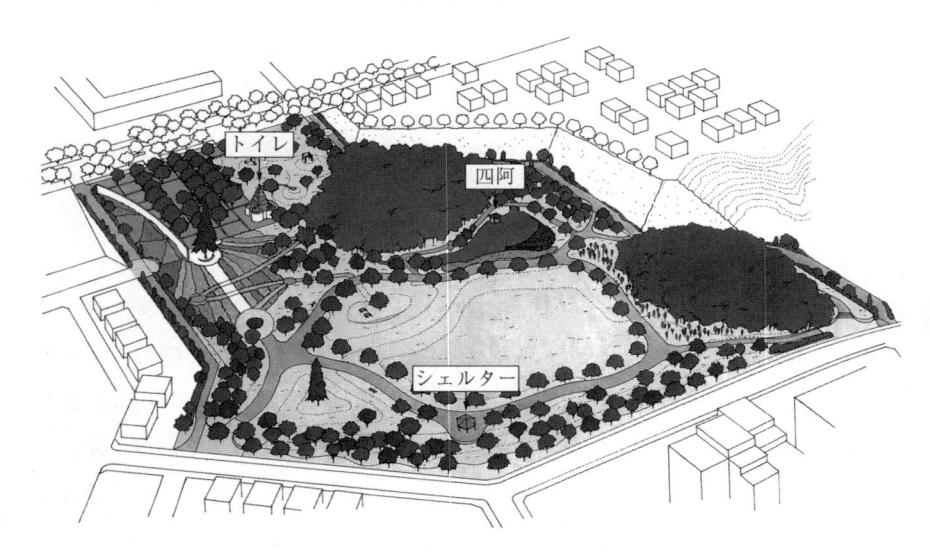

図 3.42　公園内に設けられる建物

3.4 たてものの施工工程

　建築の施工工程は構造により異なる。また地盤が軟弱な場合は杭打ち工事を行うこともあるし，地下ピット（pit）（図3.70参照）を設ける場合は掘削（根切りという）する深さにより，山留め（山止めとも書く）工事が必要となることもある。

　本節においては，造園でよく行われる建築工事の工程を理解するため，鉄筋コンクリート構造のトイレにおける全体的工事の流れを中心に，工種ごとの要点について述べる。なお，本節の工事写真の図は，複数の現場における状況であり，ひとつの現場の写真を集めたものではない。

　公園などに設けられる鉄筋コンクリート造トイレは20～100 m²のものが多いが，工種によっては半日で終わる作業もあれば何日もかかる作業もある。しかし作業順番が変わると仕事ができないことが多いため，日々の作業の進ちょく状況を把握し次の段取りをして，職人や材料の手配をきめ細かく行わなければならない。

　鉄筋コンクリート造トイレの主な工種と流れは次のようである。

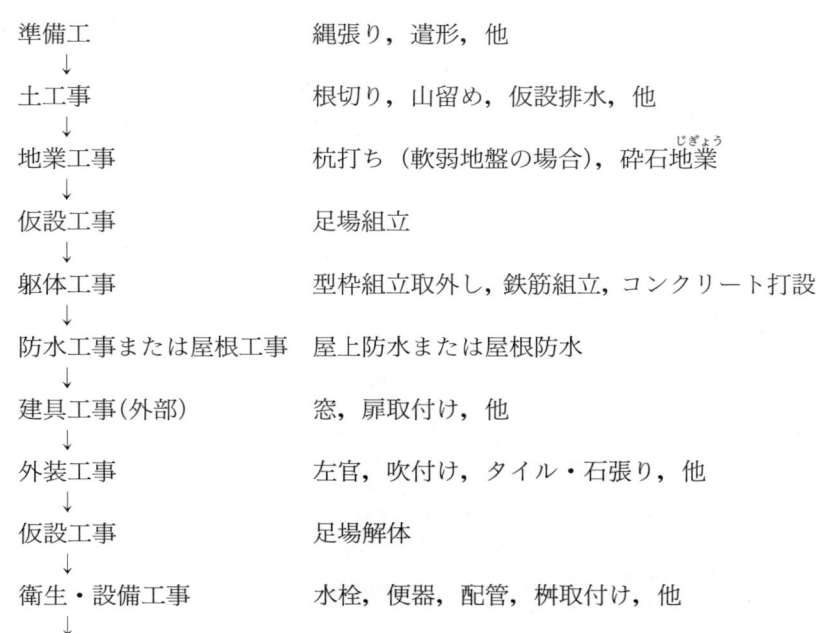

　　　準備工　　　　　　　　縄張り，遣形，他
　　　　↓
　　　土工事　　　　　　　　根切り，山留め，仮設排水，他
　　　　↓
　　　地業工事　　　　　　　杭打ち（軟弱地盤の場合），砕石地業(じぎょう)
　　　　↓
　　　仮設工事　　　　　　　足場組立
　　　　↓
　　　躯体工事　　　　　　　型枠組立取外し，鉄筋組立，コンクリート打設
　　　　↓
　　　防水工事または屋根工事　屋上防水または屋根防水
　　　　↓
　　　建具工事(外部)　　　　窓，扉取付け，他
　　　　↓
　　　外装工事　　　　　　　左官，吹付け，タイル・石張り，他
　　　　↓
　　　仮設工事　　　　　　　足場解体
　　　　↓
　　　衛生・設備工事　　　　水栓，便器，配管，桝取付け，他
　　　　↓

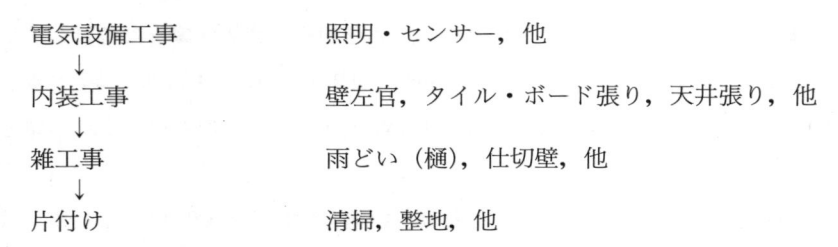

電気設備工事	照明・センサー，他
↓	
内装工事	壁左官，タイル・ボード張り，天井張り，他
↓	
雑工事	雨どい（樋），仕切壁，他
↓	
片付け	清掃，整地，他

3.4.1 準　備　工

　準備工は建設工事全般にわたって最初に行う作業である。工事をスムーズに進行させるために現地を調査し，図面との整合性や施工方法および作業範囲などを設定することから始まる。次に建物の建つ位置を現地に示す。これを縄張りという。縄張りができたら，建物の基礎の根切り範囲に当たらないように遣形を設ける。

〔1〕遣　　形

　遣形とは建物の柱や壁の心，高さや方向・位置などの基準を示す仮設の工作物で，基礎や土間コンクリートなどの動かない構造物が出来上がるまで大切に残しておくものである。建物の建つ位置の外側四方に木杭を打ち込み，それに板を打ち付ける。公園のトイレのような小規模なたてものは**図3.43**のような簡易な遣り方を設ける。遣形は水杭と水貫および水糸から成る。丁張りともいう。

　遣形で高さを出すときはベンチマーク（BM）を基準とする。ベンチマークは基本的には標高を定めた水準点のことをいうが，他の施設と共通したベンチ

図3.43　公園トイレ工事の遣形

3.4 たてものの施工工程

マークを設定することもある。これを仮ベンチマークという。

〔2〕 遣形の作業順序

① 敷地に建物が建つ位置を示し，石灰などで地面に線を引く（地縄を張る）。
② 地縄の外側の四隅に木杭（水杭）を打ち込む。
③ 水杭に基準点からとった高さをしるす。この高さは建物の FL（floor line），または GL（ground level）からの高さとしておく。例えば，GL＋200（GL より 200 mm 高い）。
④ この印に合わせて板（水貫）を打ち付ける（**図 3.44**）。
⑤ 水貫に建物の心や壁心などをしるす。
⑥ この印に釘を打ち付けて水糸を取り付ける。**図 3.45** に遣形の姿図を示す。

図 3.44 高さをしるした水貫

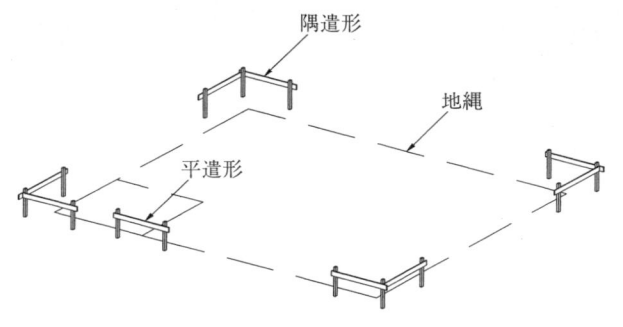

図 3.45 遣 形 の 姿 図

3.4.2 土工事

〔1〕根切り

根切り (excavation) は土木工事では掘削または床掘りという。地下室や基礎を設けるために土を掘る作業である。根切りにはつぼ掘り，布掘り，総掘りなどの方法がある。基礎には独立基礎，布基礎，べた基礎などの種類があり，一般的には独立基礎にはつぼ掘り，布基礎には布掘り，べた基礎には総掘りを行う。これらの組合せによることもある（**図 3.46**，**図 3.47**）。

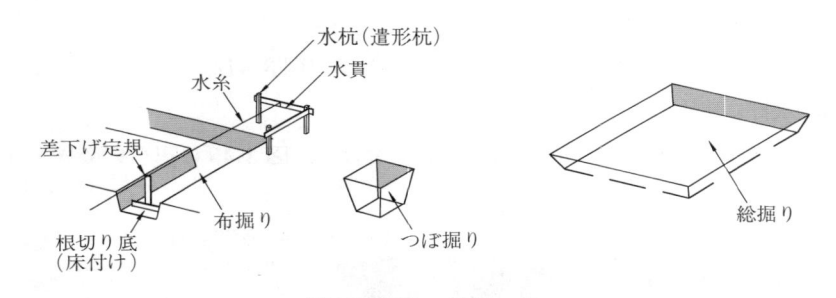

図 3.46 根　切　り

図 3.47 プレファブトイレ基礎の浅い根切り

図 3.48 バックホーによる掘削状況

根切りは，人力またはバックホーで行う。小規模の建物の場合は $0.1 \sim 0.35\,\mathrm{m}^3$ クラスのバックホーで行うが，地下室などがある場合は土量が多いため $0.6\,\mathrm{m}^3$ クラスのバックホーで行う（**図 3.48**）。

作業順序

① 遣形に基礎の掘削幅をしるし，地面に掘削する範囲を石灰などで示す。

3.4 たてものの施工工程

② 水糸を一時的に外して掘り始める。このとき，遣形にスコップやバックホーなどをぶつけないように注意する。
③ 基礎の下端(したば)となる地盤は機械のバケットなどで掘りすぎないようにする。根切り底は人力により丁寧に整地する（床付(とこつ)けという）。

〔2〕 山 留 め

根切りの深さが深くなり，周りの土が崩れてしまわないように土留めが必要となる。山留めの工法には，法付け工法，親杭横矢板工法，鋼矢板工法，場所打ち連続壁工法などがある。

法付け工法は敷地が広く，地盤が崩れにくい土質の場合に行われる。根切りする側面を斜めに掘っていくことで土の崩壊を防ぐものである（**図 3.49**）。

図 3.49　山留め法付け工法　　　図 3.50　親杭横矢板工法

親杭横矢板工法　隣地などに接近した場所を垂直に掘る場合に行われる。親杭となる H 形鋼を打ち込み，その間に掘削しながら木製の横矢板を差し込んでいく（**図 3.50**）。

鋼矢板工法　親杭横矢板工法と同様に垂直に掘る場合に行われる。縦長の鋼製の矢板をかみ合わせながら打ち込んでいくものである。止水性があり湧水のあるところに効果的である（**図 3.51**）。

山留めの構造　地盤調査の資料に基づいた構造設計を行った上で決定する。砂質土で地下水位が高い場合は鋼矢板工法で行う。粘土質の場合は親杭横矢板工法で行う（**図 3.52**）。

図3.51　鋼矢板工法

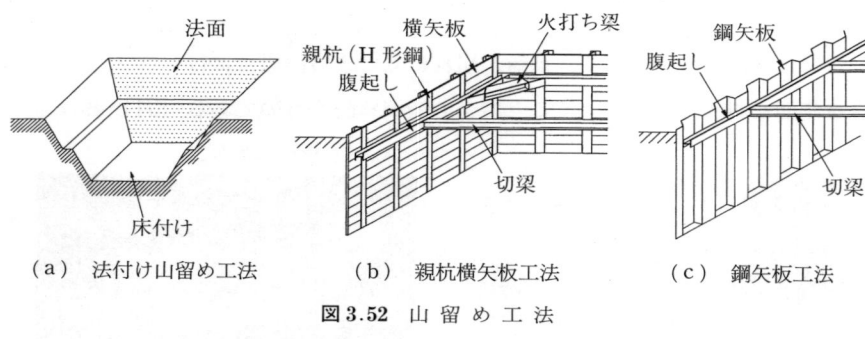

図3.52　山留め工法

(a) 法付け山留め工法
(b) 親杭横矢板工法
(c) 鋼矢板工法

〔3〕 **親杭横矢板工法の作業手順**

地下ピットのあるトイレ工事などで行われる親杭横矢板工法についての作業手順は次のようである。

① 山留めをする位置を木杭でしるす。
② 親杭（H形鋼）を打ち込む位置の地盤上にH形鋼などで定規となるガイド（guide）を設ける。
③ このガイドに沿って，1〜1.2m間隔で親杭を打ち込む。
④ 騒音・振動規制法の指定地域外となる郊外ではディーゼルハンマー（diesel hammer）などの杭打ち機で行うが，市街地などではアースオーガー（earth auger）で打ち込む杭の位置に穴をあけておき，その中にH形鋼を埋め込んでいく。
⑤ 親杭打込み終了後，バックホーなどで掘削を始めるが，人力を併用して親杭の間の土を横矢板の厚みだけ切り落としていく。

⑥ 親杭の間に横矢板を差し込みながら掘り下げていく。

⑦ 所定の深さまで掘ったら，親杭の頭部に腹起こしと切梁を取り付ける。

小規模な掘削面積の場合は，腹起しと切梁を兼ねることもある。また，腹起しと切梁に斜めに火打ち梁を掛ける。

3.4.3 地 業 工 事

地業とは建物の荷重を受ける基礎の下に設けて，根切りした床を整えて固める役目や，軟弱な地盤を補強し，固い地盤へ荷重を伝えるためのものである。

〔1〕 地業の種類

一般に行われる地業には砕石地業，割ぐり（栗）地業，杭地業，捨コンクリートがある（図3.53）。

砕石地業　小規模な構造物や，固い地盤（支持層という）が浅い場合に行う。公園のトイレや四阿などの小規模建築はほとんどこの方法で行われてい

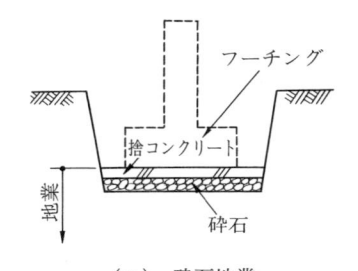

(a) 砕石地業　　　(b) 割ぐり地業

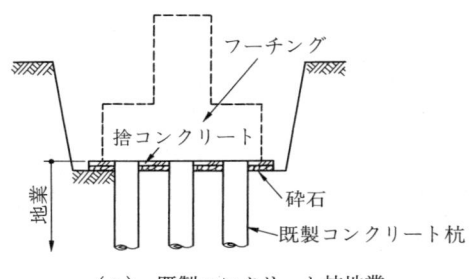

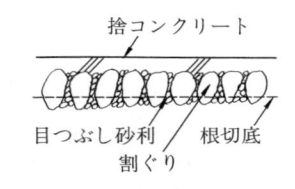

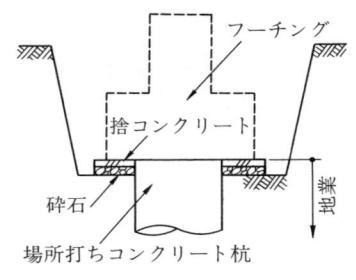

(c) 既製コンクリート杭地業　　　(d) 場所打ちコンクリート杭地業

図3.53　地業断面図

図 3.54　砕石地業の転圧　　　　図 3.55　タンピングランマー

る。材料は 40〜0 mm の砕石が一般的に使われており，厚さは 100〜200 mm である（図 3.54）。

割ぐり地業　大きさ 15〜30 cm の割石（これを割ぐり石という）を床付け面に並べ，突き固めるものである。割ぐり石は「小端立て」といって，石のとがった方を下に向けて立てるように敷き詰める。割ぐり石のすきまには目つぶし砂利（砕石）を充填し，タンピングランマー（図 3.55）や振動コンパクター（図 3.56）で転圧する。この工法は手間が掛かるため最近ではあまり行われず，砕石地業に代えられることもある。

図 3.56　振動コンパクター

杭地業　基礎を支持する地盤が十分でなく，かつ深いところにその支持地盤がある場合に行う。ただし建築物が比較的軽量で支持層まで杭を打つことが効率的でない場合は土の摩擦力により支持する杭工法がある。前者を支持杭，後者を摩擦杭という。杭地業は材料と工法の違いで，既製コンクリート杭と場所打ちコンクリート杭がある。

場所打ち（現場打ち）コンクリート杭工法は機械掘削工法と人力掘削工法があるが，一般には機械掘削の方が効率よく安全であるためこの工法が多い。造園工事で行う建築物は平屋建てで小規模なものが多いため，支持地盤によほどの問題がなければ摩擦杭を打つか，またはべた基礎として荷重を分散させる方法をとっている。

砕石地業，割ぐり地業または杭地業を行った後に捨コンクリートを打つ。これは基礎および梁などの位置を表示するためと，型枠材の安定のためである。

〔2〕 **既製コンクリート杭打ちの作業順序**

既製コンクリートの埋込み杭工法（最終軽打）による杭工事（図3.57）と砕石地業，および捨コンクリートまでの作業順序について述べる。

図3.57 杭打ち現場

① 基礎下の床付け面まで根切りしたら，杭を打つ位置を地面にしるす（作業状態により先に杭を打ってから根切りする場合もある）。この印は木杭などを打ち込んで示す。
② 木杭に合わせてプレボーリング（preboring）用のオーガーで地中を掘り込んでいく。支持層まで達したらやめる。
③ オーガーを引き抜いて，既製コンクリート杭を挿入する。
④ 杭が支持層に達したら，もんけん（打撃用ハンマー）で数回打ち込む。
⑤ 杭の天端は基礎の下端に合わせる。合わない場合は長めの杭を打ち込んでおき，後で杭の天端部分をはつる（削る）などの処理をする。このとき

杭の中の鉄筋は切断せず残しておく。
⑥ 杭の周りに砕石を置き，ランマーなどで転圧する（砕石地業）。
⑦ 転圧した砕石の上に捨コンクリートを打設する。捨コンクリートは型枠を設けるか，または水糸から定規などで高さを測定しながら平滑にこてで仕上げる。

3.4.4 仮設工事 ―― 足場組立

建築工事の仮設工事には，深い基礎や地下室工事を行う場合に設ける乗入れ構台や，資材の移動や荷揚げに使うクレーンやリフトなどの特定機械，および高所の作業を行うための足場がある。公園のトイレや四阿などの小規模な工事では，乗入れ構台を必要とすることはほとんどない。クレーンやリフトについては現場に固定する形のものは設けず，トラッククレーンなど移動式の機械または車両で行うのが一般的である。

足場は直接地面からでは届かないところの工事をするために作業場所を設けるものである。建築工事では壁や屋根工事を行う場合，足場を使って作業をするか，または足場を上って建物上部に上がるために使用する。

この項では造園工事で行う足場の組立解体について述べる。足場は使う材料により丸太足場，単管足場，枠組足場に分けられる。かつて鋼材より木材の方が手に入りやすい時代は丸太を使用していたが，近年は単管または枠組足場としている場合が多い。足場には作業をするための安全基準が定められている。足場は高さ2m以上の作業場所には幅40cm以上の作業床を設けなければならない（一側足場を除く）。また墜落の危険性のある箇所には手すりを設ける。その他の詳細については労働安全衛生規則（以下，規則）の第十章第二節に示されているので，よくこれを理解しておく必要がある。

〔1〕 丸太足場

丸太の材料は皮はぎの杉材で，目通り直径10.5cm，長さ5～8mのものが使われる。緊結材は8番線または10番線のなまし鉄線を使用する。8番線の太さは径4.191mm，10番線は3.404mmである。規則によると建地の間隔

3.4 たてものの施工工程

は 2.5 m 以下，地上第一の布は 3 m 以下に設け，建地の脚部は根元を埋め込み，根がらみを設け皿板を使用することになっている。丸太足場は強度上の信頼性が十分でなく，また組立解体作業に手間がかかるため，木造建築など低層の工事を除き，近年あまり使用されなくなっている。

〔2〕 単 管 足 場

単管足場は鋼管足場の一つで本足場と一側足場がある。使用する材料は JIS A 8951 で示されている直径 48.6 mm の鋼管で溶融亜鉛めっきで防せい（錆）処理された単管を使用する。単管は直交クランプ，自在クランプ，単管ジョイントおよび固定型ベース金具などで緊結または固定する（**図 3.58**）。

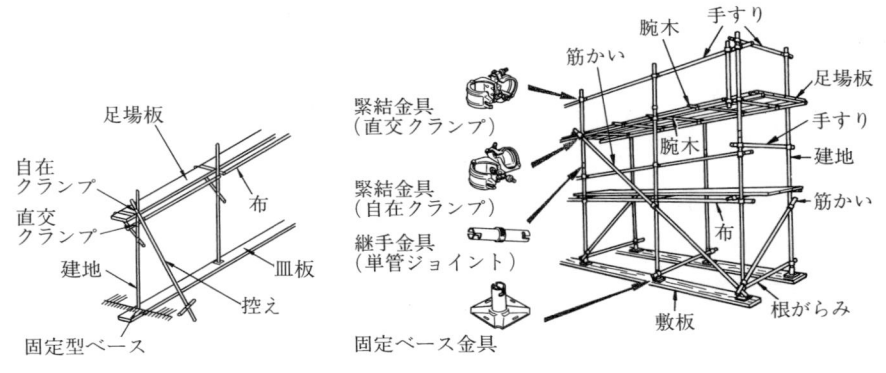

(a) 一側足場

(b) 本足場〔足場の組立て等工事の作業指針，建設業労働災害防止協会（2003）p.85 より〕

図 3.58　単 管 足 場

規則によると単管足場には次のことが規定されている。
- 建地の間隔はけた行方向を 1.85 m 以下，はり間方向は 1.5 m 以下とする。
- 地上第一の布は 2 m 以下に設ける。
- 建地の最高部から測って 31 m を超える部分の建地は鋼管を 2 本組とする（造園工事ではこの高さを超えるものはほとんどない）。
- 建地間の積載荷重は 400 kg を限度とする。

136　　3. た て も の

- 壁つなぎまたは控えを垂直方向で5m，水平方向で5.5m間隔以下に設ける。壁つなぎとは足場と建物とを仮設で緊結するものである。

〔3〕 **枠組足場**

枠組足場は鋼管を溶接し枠形として製品化されたものを現場において組み立

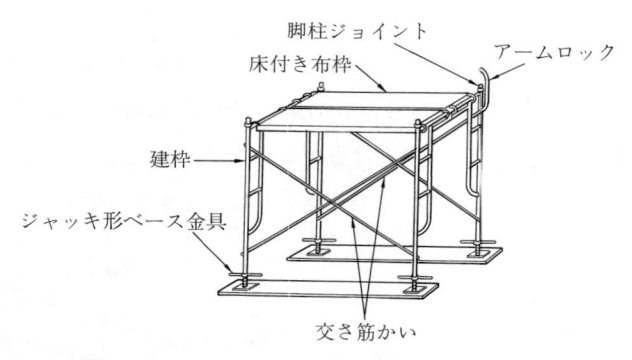

（a） 組み立てた姿図

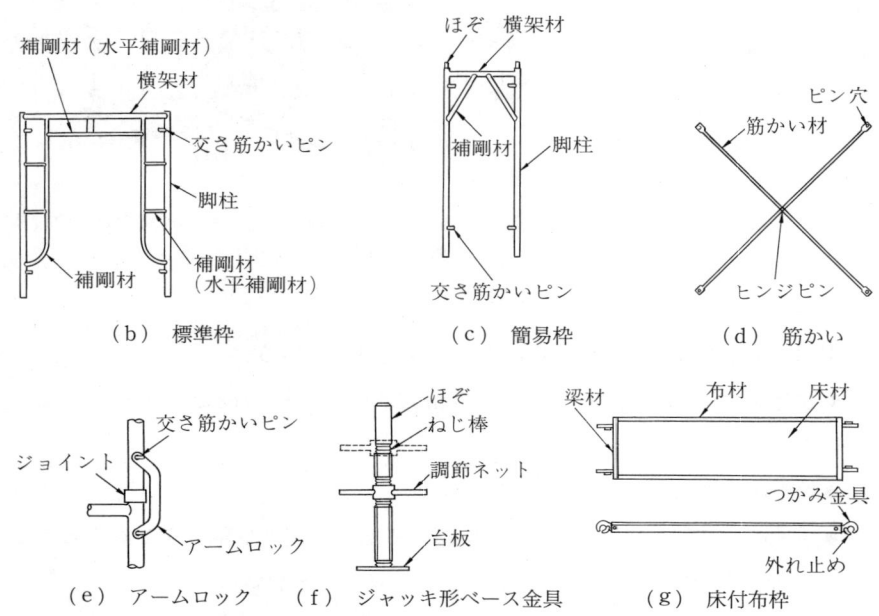

（b） 標準枠　　　（c） 簡易枠　　　（d） 筋かい

（e） アームロック　（f） ジャッキ形ベース金具　（g） 床付布枠

図3.59　枠組足場〔足場の組立て等工事の作業指針，建設業労働災害防止協会（2003）p.29, 51, 53 より〕

ていくもので，建枠，布枠（床付(ゆかつき)），筋かいなどから成っている。建枠の幅は標準として約0.9mと1.2mのものがあり，低層用の簡易枠で0.6mのものがある。布枠の長さ（建枠の間隔）は1.8mとなっている。枠組足場は規格化されているため組立の前に割付けをする。壁つなぎは建枠に緊結するものであるから，その位置についても注意する。枠組足場で壁つなぎを設ける間隔は，垂直方向で9m，水平方向で8m以下とする。

　鉄筋コンクリート造のトイレ工事などで，コンクリートの打設時に足元を安定させたり，資材を仮置きする場合には枠組足場を設けるとよい。枠組足場は一般に「ビティ足場」などと呼ばれている（図3.59）。

〔4〕 **単管本足場組立の作業順序**

① 基礎工事が終わってから，建物の地面を整地し皿板を敷く。

② 両端に建地の単管を建て，控えをとった後に布となる単管を直交クランプで緊結する。その後，建地を1.5～1.8m間隔に建てる。布が長く1本の単管で届かない場合は単管ジョイントで接続する。建地の下端は固定形ベース金物で皿板と緊結する。

③ 以上を幅0.9～1.5mの間隔で2列に建て，腕木と呼ばれる短い単管（長さ1.2～1.8m）でつなぐ。建地の根元に根がらみを取る。

④ 腕木の上に足場板を載せて，なまし鉄線（＃8番線 $\phi 4.0$ mm）またはゴムバンドなどで固定する。足場板は腕木3点で支持する。

⑤ 転落の危険性のある箇所には単管の手すりを取り付ける。

⑥ 組み上がった足場の外側に単管で筋かいをとる。単管どうしの緊結は自在形クランプまたは三連クランプを使う。

⑦ 足場の高さ5m以下に壁つなぎをとる。建物の躯体がコンクリートの場合は壁つなぎ用金具を使用するが，コンクリート躯体にアンカー（anchor）を取り付けておく必要がある。躯体が鉄骨の場合は鉄骨にクランプなどで緊結する。

⑧ 高所への上り下りのため登り桟橋を必要に応じて設ける。

〔5〕 枠組足場組立の作業順序

① 単管足場と同様，ジャッキ形ベース金具に建枠を差し込み，皿板の上で建てる。

② この建枠どうしを筋かいで固定し，床付布枠を架ける。

③ 高さの調整はジャッキで行い，水平を保つようにする。これを繰り返し1段目を完了させる。

④ 2段目は1段目の建枠の上端脚柱ジョイントに差し込んで②の作業をする。このとき，建枠が抜けないようにアームロックを掛ける。

足場の上り下り用には，専用の階段を取り付ける。低層用簡易枠の場合はは

図 3.60 枠組足場の組立作業

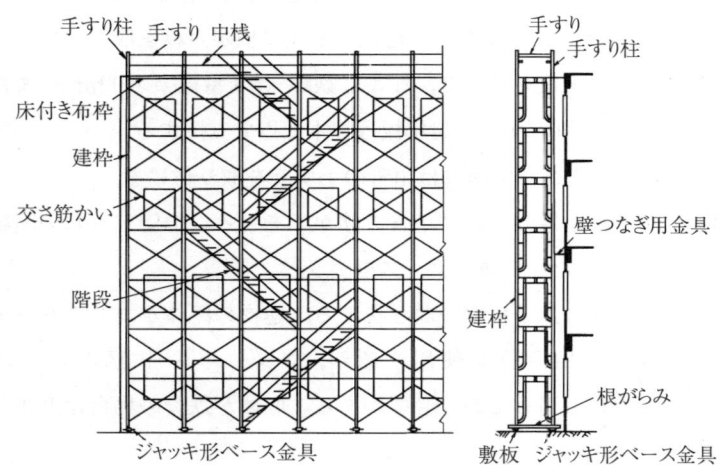

図 3.61 枠組足場図〔足場の組立て等工事の作業指針，建設業労働災害防止協会（2003）p.58 より〕

しご形の枠を使用する。

　壁つなぎは単管足場と同様に躯体と緊結する。標準形の枠組足場の場合は規定に合う間隔で設けるが，低層用簡易枠の場合は足場の最上層に水平方向に5.4m以内の間隔で設ける（図3.60，図3.61）。

3.4.5　躯 体 工 事

　鉄筋コンクリート造の躯体は，下から基礎（フーチング，footing ともいう），地中梁，土間コンクリート，柱，壁，床版（スラブ，slab ともいう）などから構成されている。これらは鉄筋とコンクリートで一体化されたものである。そのためにまだ固まらない状態のコンクリートの型となる型枠の組立から始まり，コンクリートを補強する鉄筋の組立，そして型枠へコンクリートを流し込むコンクリート打設，最後に型枠の取外しを行ってはじめてその躯体が出来上がる。

　工事は基礎および地中梁を施工したら，次に土間コンクリートを打設し，その後，柱，壁および床版を施工する。この一連の作業の中で型枠工事，鉄筋工事およびコンクリート打設工事が交互に行われるが，途中に後で述べる衛生設備と電気工事が適宜入ってくる。次に躯体工事の作業手順について述べる。

〔1〕　**基礎および地中梁までの躯体工事**

① 地業工事で行った捨コンクリート上に基礎および地中梁などの位置を墨でしるす。このとき，準備工で行った遣り方を基準にして水糸またはトラ

図3.62　墨出し作業　　　　　　図3.63　墨出し後スプレーで示された
　　　　　　　　　　　　　　　　　　　　布基礎の位置

ンシット（1.4節参照）を使用する（図3.62, 図3.63）。

② 墨に合わせてそれぞれの躯体の中に適切なコンクリートの被り厚さをとって，規定の配筋をする。直接，鉄筋を捨コンクリートに置くことをせず，スペーサーを下にかませる。スペーサーはモルタル製（キャラメルともいう）や鋼製のもので様々な形がある。地中梁の配筋で側壁に対してかませるものは，ドーナツと呼ばれるプラスチック製のリング状のものが使われる（図3.65参照）。

③ 鉄筋は事前に切断や折曲げの加工をしたものを現場で組み立てる。一般に鉄筋の加工は工場で行われるが，そのために鉄筋加工図を作らなければならない。加工に当たっては，表3.3および表3.5の規定に基づき切断，折曲げを行う。主筋などの太い鉄筋（D22以上）は，現場での継ぎは圧接としなければならないため切断長さに注意する。

④ 現場で鉄筋を組み立てる場合は，結束線とハッカーで行う。結束線は21番線（径0.8 mmのなまし鉄線）を使う。ハッカーは鉄筋を緊結するために結束線を縛る道具である。

⑤ 配筋後，型枠を組み立てる。型枠は一般に厚さ12 mmの合板（コンクリートパネル略してコンパネ）が使用される。合板はコンクリートを打設したときに変形しないように，セパレーター（separator）やフォームタイ（form tie）および単管または桟木で固定する（図3.64, 図3.65）。セパレーターはコンクリートの中に設けるもので，両端をねじ切りした径7

図3.64 墨に合わせて組まれた型枠

図3.65 コンクリートの被り厚さをとるためのモルタル製スペーサー

または 9 mm の金物である。このセパレーターの両端を型枠から出し，単管または桟木を挟んでフォームタイで締め付けて固定する（図 1.26 参照）。

⑥ 基礎および地中梁の場合は，型枠の下端は桟木をコンクリート釘で捨コンクリートと直接固定する。流体のコンクリートが入ると型枠の下端の方に高い側圧が掛かるためである。型枠の天端にはコーナーの補強または幅止めの桟木を打ち付けておくと，上部が広がるのを抑えるのに有効である。

⑦ 型枠の組立が完了したら，いよいよコンクリートの打設である。コンクリート打設の方法は，基礎や地中梁などの地盤より低い箇所の場合は，フレッシュコンクリートを運搬するトラックミキサーからプラスチックシューターで直接流し込むか（図 3.66），カート（一輪車）で受けて型枠の中に流し込む。コンクリートの打設量が多い場合はコンクリートポンプ車を使用する。

⑧ コンクリートが十分に型枠の隅々まで回り込むように，型枠の外側を木づちでたたくか，バイブレーター（振動機）を掛ける。バイブレーターと

図 3.66 トラックミキサーからプラスチックシューターでフレッシュコンクリートを打設

図 3.67 バイブレーターをかける作業

142　3．た て も の

は先端が棒状のものでコンクリートの中に差し込み振動を与えてコンクリートの流動化を促すものである（図3.67）。

⑨ コンクリートを打ち終わったら，天端を金ごてまたは木ごてで平らに仕上げる。このとき，土間コンクリートや壁の鉄筋がある場合は差し筋を行う（図3.68）。

プレファブ造の場合ならアンカーボルトを設置。
図3.68　こてで平らに仕上げられたコンクリートの天端

⑩ 規定のコンクリート養生期間（型枠の存置期間という）をおいて，型枠を解体する。

⑪ 型枠の解体が終了したら土の埋戻しをする。このとき衛生設備工事や電気工事の土中埋管を並行して行う。

以上が基礎および地中梁までの躯体工事である。この後土間コンクリートおよび地上階の躯体工事に入る。

地下ピットや地下室がある場合も基本的な作業工程は同じである（図3.69，図3.70）。

図3.69　地下ピットの配筋　　　図3.70　地下ピットの型枠組み

3.4 たてものの施工工程

〔2〕 地上部の躯体工事

① 土間コンクリートを打つ部分は埋め戻した地盤を転圧し，砕石基礎を施した上で，基礎および地中梁の差し筋と土間用配筋を結束する。鉄筋の下にはスペーサーをかませる。電気工事の電線管などはこのときに，土間コンクリート内に収まるように配管することもある。地下ピットがある場合は1階床スラブの型枠の上に配筋する。このとき電線管も配管する（図3.71，図3.72）。

図3.71 配管貫通部の鉄筋補強

図3.72 地下ピットの1階床スラブ型枠と配筋（電気配管も行う）

② 配筋および型枠が完了したら，コンクリートの打設をする。カートでの流込みをする場合は足場板やベニヤ合板を上に敷くと，走行性をよくし配筋を崩さないようになる。
③ コンクリートを打ち終わったら床面を金ごてまたは木ごてで平らに仕上げる。
④ 床コンクリートの表面が硬化したら，1階部分の型枠の位置を示すために墨出しをする。本来はコンクリートの養生期間を十分にとって行うが，表面が硬化し歩いても問題がないことを確認してから行う。
⑤ 1階の柱と壁の墨出しが終わったら，柱の主筋を立ててフープ筋（腹筋^{はらきん}）を組む。柱の主筋およびフープ筋はコンクリートの被り厚さが規定どおりとれるようにしなければならない（表3.4参照）。主筋が斜めになっていた場合は，下の墨に収まるように調整する（図3.73）。

図 3.73 柱および壁の配筋

⑥ 床コンクリートに打った墨に合わせて型枠を建て込む。型枠の建込みは内側，外側どちらからでもよいが，鉄筋の組立やスラブの下型枠の作業を考えると，内側から建て込んだ方がやりやすい場合が多い。

⑦ 片側の型枠を建て込んだら，または建て込みながら壁の鉄筋を組む。鉄筋には被り厚さがとれるように，適宜スペーサーを取り付ける。鉄筋の組立と型枠の建込みは同時進行する場合も多いため，それぞれの職方との調整をする。また，壁の中に電気の配管，ボックスを設けることもあるため，工程の中に組み込んでおく必要がある。

⑧ 柱と壁の鉄筋組みが完了したら，外側（反対側）の型枠を建て込む。型枠と型枠の間を規定どおりの間隔にするためにセパレーターを取り付け，

図 3.74 型枠の組上り状態

図 3.75 パイプサポート

3.4 たてものの施工工程　　145

フォームタイで単管を止める（**図 3.74**）。また型枠全体が倒れるのを防ぐために，ワイヤやパイプサポート（pipe support）で控えをとる。これらは型枠を垂直に立てる（建入れという）ための調整にも使う。パイプサポートとは太さの異なる鋼管を差し込んだもので，ねじで長さを調整する機材である（**図 3.75**）。

⑨ 柱と壁の型枠の次は，梁とスラブ(床)の型枠を組み上げる。梁とスラブの型枠は下からパイプサポートで支え，上部に大引と根太または受け木を取り付け，ベニヤ合板を載せて固定する（図 3.75）。

⑩ 梁とスラブの型枠が完了したら，鉄筋組みとなる。先に梁の鉄筋組みを行い，次にスラブの配筋を行う。梁の鉄筋組みは型枠より先に行う場合もある。スラブ筋にはスペーサーを下にかませる。

⑪ スラブの配筋と並行して電気の配管も行う。

⑫ 配筋および型枠が完了すると，いよいよコンクリート打設である。コンクリート打設は天気に注意し，雨天には行わないようにする。また冬場などは気温にも気を配り，打設後の養生期間にコンクリートが凍結しないようにしなければならない。そのためにはコンクリートの露出面をシートなどで覆ったり，ジェットヒーター（暖房機）などで暖めたりする必要もある。夏場の高温時は，コンクリート打設後の水分の急激な発散や日射による温度上昇を防ぐようにコンクリート表面に散水をする。

⑬ コンクリート打設は，地上階の場合はコンクリートポンプ車を使って行う（**図 3.76**）。コンクリートポンプ車にはピストン式（piston type）と

図 3.76 コンクリートポンプ車による打設

スクイズ式（squeeze type）があるが，小規模の場合はスクイズ式が多い。スクイズ式は事前に生コンクリートを圧送するための配管をしておかなければならない。配管は足場などに固定するが，型枠や鉄筋に緊結してはならない。型枠や鉄筋を損傷しないよう，足場板などで十分に養生する。

⑭ コンクリート打設当日は監督員をはじめ，土工，鉄筋工，型枠大工，電気工，その他総出で行う祭りのようなものである。コンクリートを隅々まで行き渡らせるためにバイブレーターを掛けたり，木づちでたたいたりしながら，型枠が孕（はら）んだり，パンク（型枠が壊れてコンクリートがはみ出すこと）したりしないか監視しながら行う。打ち終わった最後は左官工が天端をこてで均して完了である。

⑮ コンクリート打設中にフレッシュコンクリートの試験を行う。現場で行う試験にはスランプ試験や空気量と塩分の測定などがある。いずれもコンクリートプラント業者から派遣された試験者がきて行うものであるが，監督員が立ち会って確認をしなければならない。また，圧縮強度の試験のため現場で供試体を取るので，これにも立ち会う。供試体は試験所で圧縮試験を行う（図3.77）。

図3.77 コンクリート供試体の圧縮強度試験

⑯ コンクリート打設中に特に注意しなければならないことがある。コンクリートの流動性がよくなくて，隅々まで回りにくいときがあるが，決してフレッシュコンクリートに水を加えてはならない。これは強度を低下させることとなるからである。

⑰ コンクリートの圧縮強度が基準値に達したら，または規定の存置期間を過ぎたら型枠を取り外す（本項〔1〕の⑩参照）。取り外したときにコンクリートに「じゃんか」と呼ばれるあばた状が見られたら補修しなければならない。じゃんかとはコンクリートの打設中に砂利とセメントペーストが分離したためや，コンクリートが十分に充填されなかった箇所に発生する。建築の仕上げがコンクリート打放し仕上げの場合は，このじゃんかや型枠の継目の段差および膨らみは致命的である。十分に型枠の管理とコンクリート打設時の管理を行わなければならない。

これらの補修が終わって躯体工事が完了する（**図 3.78**）。

図 3.78 躯体工事の完了

3.4.6 小屋組と鉄骨工事

公園のトイレなどのように小規模建築の場合は，勾配のあるコンクリートの屋根スラブはコンクリートが硬化するまでの十分な時間がとりにくい。よって小規模建築では屋根部を鉄骨などによる小屋組を架ける場合がある。鉄骨小屋組は，工場製作ができるため現場での工程が短縮できるメリットもある。

鉄骨工事は製作図に基づいて部材を工場で製作するが，施工管理のために工場での原寸検査などに出向くこともある。

工場で製作された鉄骨は現場に持ち込まれ，クレーン車などで組み立てられる。鉄骨はすでに施工されている鉄筋コンクリート躯体に取り付けるわけであ

るが，コンクリート躯体には事前に鉄骨を固定するアンカーボルトを埋め込んでおく必要がある。図 3.79 と図 3.80 は基礎部のコンクリート躯体にアンカーボルトを取り付ける状況であるが，地上部の躯体においてもほぼ同様である。

図 3.79 躯体に埋め込まれたアンカーボルト

図 3.80 鉄骨建込みの墨出しとアンカーボルトの調整

アンカーボルトの設置をする場合は，アンカーボルトをアングル材やプレートで固定したものを型枠または鉄筋に施工図に基づいた寸法で取り付ける。しかしコンクリートの打設時などにずれを生じることがあるため，「らっぱ」と呼ばれる円錐台形で薄鋼板製や発泡スチロール製のものをアンカーボルトに取り付けておき，コンクリート固化後これを取り外し，アンカーボルトの微調整を行う（図 3.81）。

アンカーボルトの位置を調整した後に鉄骨部材を取り付けるが，取付け高の調整が必要となる。高さ調整は事前に「まんじゅう」と呼ばれる無収縮モルタ

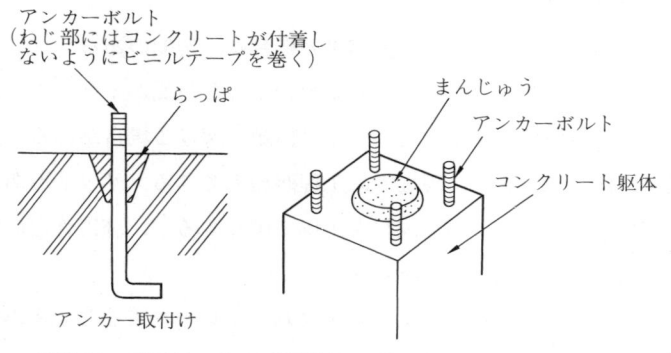

図 3.81 アンカーボルト調整用らっぱと高さ調整用まんじゅう

3.4 たてものの施工工程

ルで行う。まんじゅうの周りの空げき（隙）部は鉄骨が組み上がってからモルタル充填する（図 3.81）。

トイレの小屋組など小規模な鉄骨工事で，周辺に作業スペースがある場合は，地上で鉄骨を仮組みしてからクレーン車で吊り上げ取り付けることもある。このとき，鉄骨が揺れたり，空中で回転したりするのを防ぐために介錯（かいしゃく）ロープを使用する。図 3.82 は柱，梁も鉄骨造のたてものに小屋組が取り付けられる状況である。

図 3.82 鉄骨小屋組の建込み

躯体に取り付けられた小屋組は，ゆがみなどを調整しボルトの本締めを行って完了である。ボルトは高力ボルトを使用しインパクトレンチ（impact wrench，電動式）またはトルクレンチ（torque wrench，手動式）で締め付け

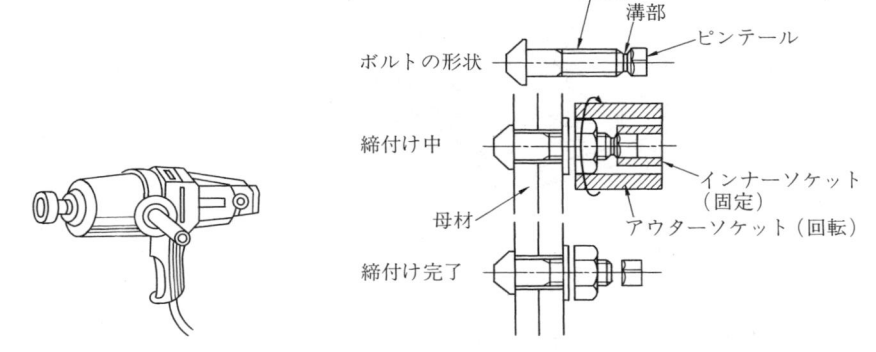

(a) 電動式インパクトレンチ　　(b) トルシア形高力ボルトの締め方と仕組み

図 3.83 インパクトレンチと高力ボルト

る（図3.83）。

3.4.7　陸屋根の防水工事

鉄筋コンクリート造で陸屋根の場合は屋上に防水を施さなければならない。防水にはアスファルト防水，合成高分子系ルーフィングシート（roofing sheet）防水および塗膜防水（liquid-applied membrane waterproofing）などがある。

〔1〕　アスファルト防水

陸屋根の場合に行う。溶融アスファルトとアスファルトルーフィング類を交互に積層して施工する。陸屋根を緑化や歩行用として利用するときは軽量コンクリートで防水層を保護する。

作業工程のおおかたの流れは次のようである。十分乾燥させたコンクリートスラブ面にアスファルトとの密着をよくするためアスファルトプライマーを塗布する。溶融がま（釜）で溶かしたアスファルトを流しながらアスファルトルーフィング材を密着させる。その上に溶融アスファルトを流しながらストレッチルーフィングを張る。これを繰り返した上に押えのコンクリートを打つ（図3.84）。

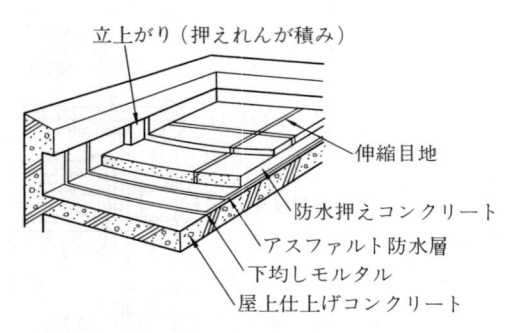

図 3.84　アスファルト防水

〔2〕　合成高分子系ルーフィングシート防水

一般にシート防水と呼ばれるもので，屋根のほかにベランダ，ひさし（庇），床などに使われる。シートの種類は加硫ゴム系ルーフィング，非加硫ゴム系ル

―フィング，塩化ビニル樹脂系ルーフィングなどがある。

　作業工程のおおかたの流れは次のようである。十分乾燥させたコンクリートスラブ面にプライマーを塗る。プライマーが乾燥してから接着剤を塗布し乾燥状態を見計らってルーフィングシートを張り付ける。このときシートに引張りを与えず，またしわを生じないように張り付ける（図3.85）。

　加硫ゴム系および非加硫ゴム系ルーフィングには仕上げ塗料を塗る。

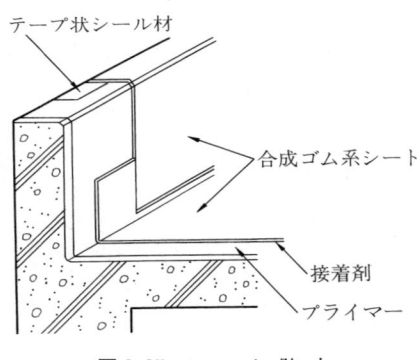

図3.85　シート防水

〔3〕　塗　膜　防　水

　防水する面に液状の防水材を塗り，何層かの塗膜により防水層を構成する方法である。下地が複雑な形状をしていても対応しやすいが，現場での塗布のため施工時の品質管理が重要である。塗膜防水にはウレタンゴム系とゴムアスファルト系がある。

　作業工程のおおかたの流れは次のようである。シート防水と同様に乾燥した下地にプライマーを塗る。防水材を塗り補強用の布を張る。再び防水材を塗る。仕様によりもう一度塗ることもある。

3.4.8　屋　根　工　事

　公園のトイレの勾配屋根は修景上の目的で設けられる場合が多い。構造としてはコンクリートスラブで勾配をもたせるものと，鉄骨で小屋組とするものが

ある。屋根はこれらを下地として仕上げる。屋根を葺く材料は瓦，鉄板，スレート，アスファルトシングルなどが一般に使用されている。

コンクリートスラブの場合はパーライトモルタル（perlite mortar，軽量骨材を混合したモルタル）を厚さ30 mm以上塗り，上にアスファルトルーフィングを張り屋根材を葺く方法と，防水モルタルを塗り瓦桟を打ち付けて屋根材を葺く方法などがある。アスファルトルーフィングとは，ストレートアスファルトを浸透させたフェルトの両面をブローンアスファルト（blown asphalt）で被覆し，更に粘着防止剤を散布したものである（**図3.86**）。

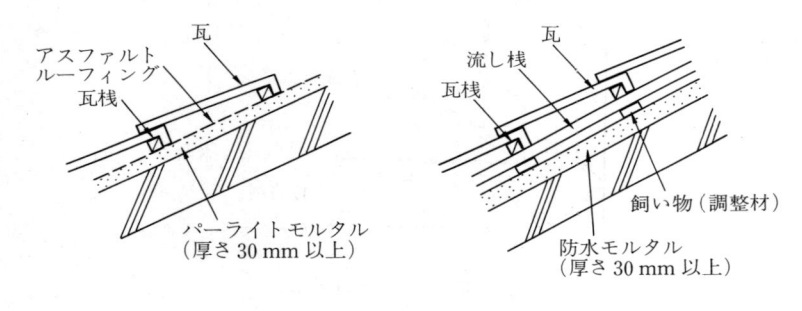

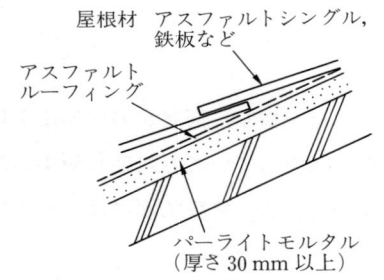

図3.86 コンクリート造の屋根の納まり

鉄骨造小屋組に屋根を葺く場合は小屋組の垂木（リップ溝形鋼など）に耐水性のベニヤ合板（厚さ15 mm以上）をビス止めしたものを下地（野地板）とする。この上にアスファルトルーフィングを張り屋根材を葺く（**図3.87**，**図3.88**）。

図3.89はスレートを葺いた屋根の例である。

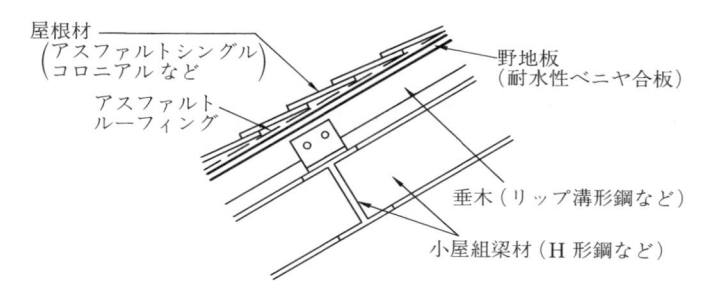

3.4 たてものの施工工程　153

図3.87　鉄骨造の屋根の納まり

(a) アスファルトルーフィングを張る工事
(b) アスファルトルーフィングの上にカラー鉄板などの屋根材を葺く工事

図3.88　鉄骨造小屋の屋根工事

図3.89　スレート葺きの屋根

3.4.9　建具工事

　建具とは建物の開口部となる扉や窓のことをいう。公衆トイレなどには一般にアルミサッシかスチールサッシ（ステンレスの場合もある）を使用する。
　コンクリート躯体に取り付ける場合は躯体にアンカーを埋め込んでおく。ア

ンカーは型枠に打ち付けて，型枠を外したときに躯体に埋め込まれる形となる。この作業は型枠大工が行う。

　サッシの位置は躯体に返り墨を打って計り出す。木のくさびで上下左右を調整し仮取付けをする。次に躯体面からの出入りを調整し，やはりくさびで仮固定する。

　この状態で躯体に埋め込んであるアンカーとサッシの固定金物を棒鋼などで溶接し固定する。くさびは取り外す（図3.90）。

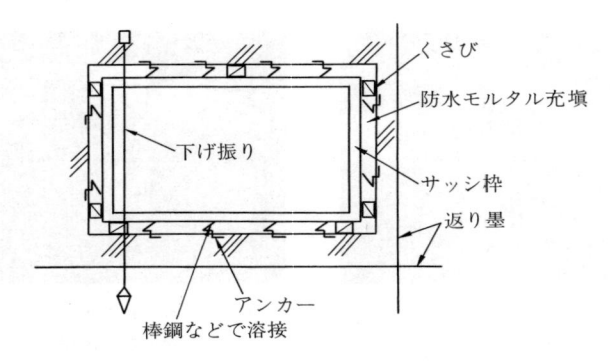

図3.90　サッシの取付け

　壁の仕上材がタイルの場合はタイルの割付寸法に合わせて墨出しを行う。寸法が合わないと開口部の周りに半端なタイルが張られることになり，見た目に美しくないものとなる。

　固定されたサッシと躯体の間のすきまは防水モルタルで充塡する。

3.4.10　石　工　事

　石工事は天然石とテラゾー（terrazzo，人造石）の2種類があるが，施工方法はほぼ同じである。

　外装工事としての外壁の石張りには湿式工法と乾式工法がある。

　湿式工法　石と躯体の間に裏込めモルタル（「注ぎとろ」ともいう）を充塡するものである。コンクリート躯体にアンカー（棒鋼など）を埋め込んでおき，これに石張り目地に合わせて鉄筋を溶接する。この鉄筋と石材を引金物で

取り付け，間に裏込めモルタルを充塡する．石と石の積上げはだぼ（太柄）と呼ばれる金物で固定する．

目地は水が浸入し白華現象をおこすのを防ぐためにシリコーンまたはポリサルファイド系シーリング材を使用する〔**図 3.91**（a）〕．

白華現象はエフロレッセンス（efflorescence）とも呼ばれるが，目地の表面にモルタル中の遊離石灰がしみ出して白い汚れのように結晶化するものである．

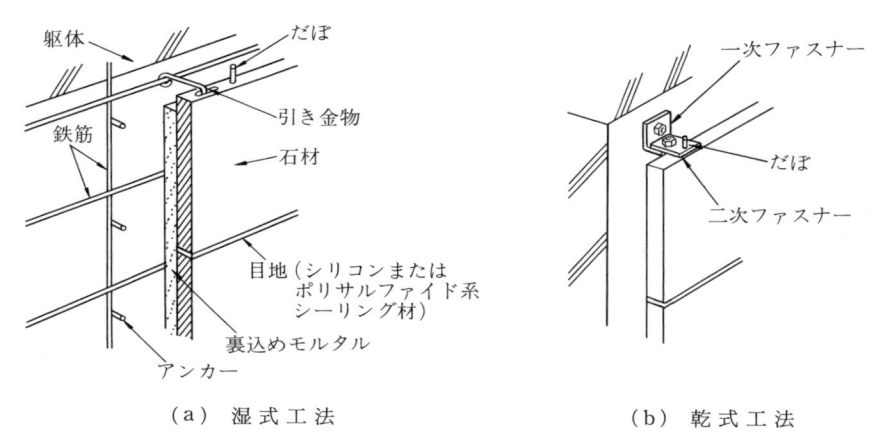

（a）湿式工法　　　　　　　　（b）乾式工法

図 3.91　石 張 り 工 法

乾式工法　金物で躯体と石材を取り付けるものである．施工効率がよく，裏込めモルタルがないため白華現象がおこりにくいなどの利点があるが，薄い石材や強度の低い石には向かない．コンクリート躯体にアンカーを取り付け，これに一次ファスナーと呼ばれる金物を取り付け，急結モルタルで固定する．これに二次ファスナーを取り付け，だぼを用いて石材を取り付ける〔図3.91(b)〕．

3.4.11　タ イ ル 工 事

外装工事としてのタイル張りには次のような工法がある（**図 3.92**）．

積上げ張り（団子張り）　コンクリート躯体に下地モルタルを塗り（下塗），

156　3. たてもの

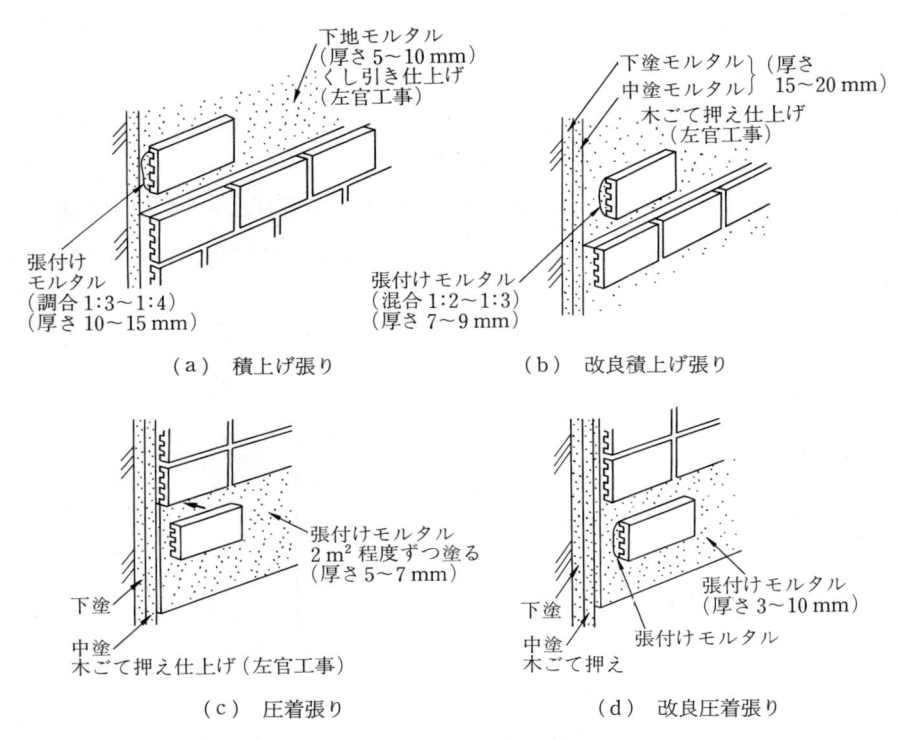

図 3.92 タイル張り工法

(a) 積上げ張り
- 下地モルタル（厚さ5～10 mm）くし引き仕上げ（左官工事）
- 張付けモルタル（調合1:3～1:4）（厚さ10～15 mm）

(b) 改良積上げ張り
- 下塗モルタル｜中塗モルタル（厚さ15～20 mm）木ごて押え仕上げ（左官工事）
- 張付けモルタル（混合1:2～1:3）（厚さ7～9 mm）

(c) 圧着張り
- 下塗／中塗／木ごて押え仕上げ（左官工事）
- 張付けモルタル 2 m² 程度ずつ塗る（厚さ5～7 mm）

(d) 改良圧着張り
- 下塗／中塗／木ごて押え
- 張付けモルタル（厚さ3～10 mm）

くし引きで仕上げる。タイルの裏に張付モルタル（調合1:3～1:4）を団子状に盛り，下段から1枚ずつ押し上げながら張り上げる。下地モルタルを省略することもある。比較的大判のタイルで行われる工法である。

改良積上げ張り　積上げ張りを改良した方法で下塗の上に中塗を行い，より平滑にし，その上に張付モルタル（調合1:2～1:3）を載せたタイルを張り上げていく。積上げ張りより施工性を容易にしたものである。

圧着張り　モルタルの下塗，中塗をした上に張付モルタルを小面積（2 m²程度）だけ塗り，タイルを張り付ける工法である。このとき，タイルは上段から下段に向かって張っていく。

改良圧着張り　圧着張りの改良形で，下塗，中塗および張付モルタルを塗っ

た上に，タイルにも張付モルタルを付けて張り付ける工法である。良好な接着力が得られることや白華現象がおこりにくいこと，施工が比較的容易であるなどの利点がある。

密着張り（ビブラート工法）　圧着張りと同様に下塗，中塗および張付モルタル塗を行うが，タイルの張付けのとき，衝撃工具（ビブラート）を使用して行う工法である。接着力はかなり強い。

小さなタイルの場合（モザイクタイルなど）はシート状になった**ユニットタイル張り**もある。

以上のような工法でタイル張りを行ったら，次に目地詰めを行う。深目地の場合は1本ずつ目地詰めを行う。浅目地の場合はタイルの全面に塗り込めて目地ごてで押さえる。

最後にタイル表面の目地材を落とすためにタイル洗いを行う。

3.4.12　左官工事

外装工事としての左官工事はモルタル塗，せっこうプラスター塗，床コンクリート直均し仕上げ，人造石研出し，現場テラゾー塗などがある。

〔1〕　モルタル塗

公園のトイレの場合はコンクリート躯体やブロック躯体を下地として，そこにモルタルを塗ることが多い。モルタル塗は各種仕上材（塗装，吹付け，タイルなど）の下地となる場合がほとんどである。塗装や吹付けはモルタル塗の表面がほぼそのまま形状として現れるため，精度よく仕上げる。

モルタルの1回の塗厚は原則として7mm以下とし，全塗厚は25mm以下としなければならない。モルタルを塗るときは，まず仕上面を定める。両脇に柱や壁がある場合は仕上面の墨を打ちそれに合わせて塗っていく。出隅で墨が打てない場合は水糸や木の定規などで仕上面を定める。モルタル面を平らに仕上げるため定規ずりを行う。定規ずりとは木の定規で表面をこすって凸部をそぎ落としていく作業である（**図3.93**）。

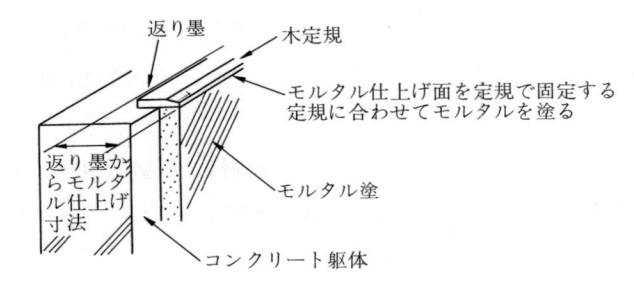

(a) 定規に合わせてモルタルを仕上げる

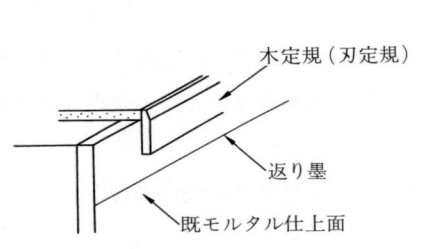

(b) 1面のモルタル塗が完了したら，硬化するのを待ってこの面に他の面の返り墨を打ち，この返り墨に基づき他の面のモルタル塗を行う

(c) 木の定規を使わず埋込用のコーナーを使用することもある

図 3.93　モルタル塗

〔2〕 **せっこうプラスター塗**

せっこうプラスター塗は下塗，中塗，上塗の 3 工程を行う。塗作業中はできる限り通風をなくし，施工後もプラスターが硬化するまでは甚だしい通風は避ける。下地がコンクリートやブロックの場合は，下地モルタルを塗り十分乾燥させた上にプラスターを塗る。全塗厚は下地モルタルを含め 20 mm を標準とする。

〔3〕 **床コンクリート直均し仕上げ**

床のコンクリート打設後にレベルまたは水勾配をとってこてで直に仕上げることをいう。まず荒均しを行い，コンクリートが凝結する前にタンパーなどで表面をたたき，平らに敷き均す。これはコンクリートが沈みひび割れをおこすことを防ぐためである。その後，長尺の均し定規を用いて平らに均す。

内部の床でビニル系床材仕上げや倉庫などでコンクリート面そのまま仕上げの場合は金ごてで下ずり，中ずり，および仕上げずりを行う。

トイレの床はタイルや石張りまたは滑止め塗床材などが多い。タイルや石張りは下地モルタルを敷いて仕上げるため不陸(ふりく)の調整を行えばよいが，滑止め塗床は金ごてで仕上げずりを行う必要がある。

〔4〕 人造石研出し，現場テラゾー塗

一般に人造石研出しと現場テラゾーの違いは種石の粒の大きさおよび仕上げ厚さによる。人造石研出しは大理石，花こう岩その他の砕石および砕砂の1.5～5 mm のもので塗厚約 7.5 mm とし，テラゾーは 2.4～15 mm のもので塗厚 35～60 mm とされている。材料の練合せは仕上げ時にむら（斑）が生じないように配合や量に注意する。

トイレでは洗面台や床として用いられる。洗面台などはモルタルで下地を作り，仕上げとして人造石研出しとする。床は黄銅製などの目地棒を取り付けて，モルタル下地を作り現場テラゾー塗とする。いずれもグラインダーなどで研磨し，最後につや出しをする。

〔5〕 仕上塗材仕上げ

仕上塗材は，薄付け仕上塗材（砂壁，聚楽(じゅらく)，アクリル，シリカなど），厚付け仕上塗材（スタッコ，stucco），複層仕上塗材（アクリル，シリカ，ポリウレタンなど）などがあり，材料により吹付け，ローラー，こて塗の工法がある。

下地はひび割れなどを補修し，表面に現れないように十分注意する。

工法の選定は表面仕上げ形状（図 3.94）のほかに，施工面積や施工場所によることもある。薄付け仕上げ塗材は主に吹付け，厚付け塗材は吹付けとこて塗，複層仕上げ塗材は吹付けとローラーである。

施工面積が広く，養生がしやすい場所では吹付け工法が可能であるが，面積が小さく養生がしにくい箇所ではローラー工法とすることが多い。

160　3. たてもの

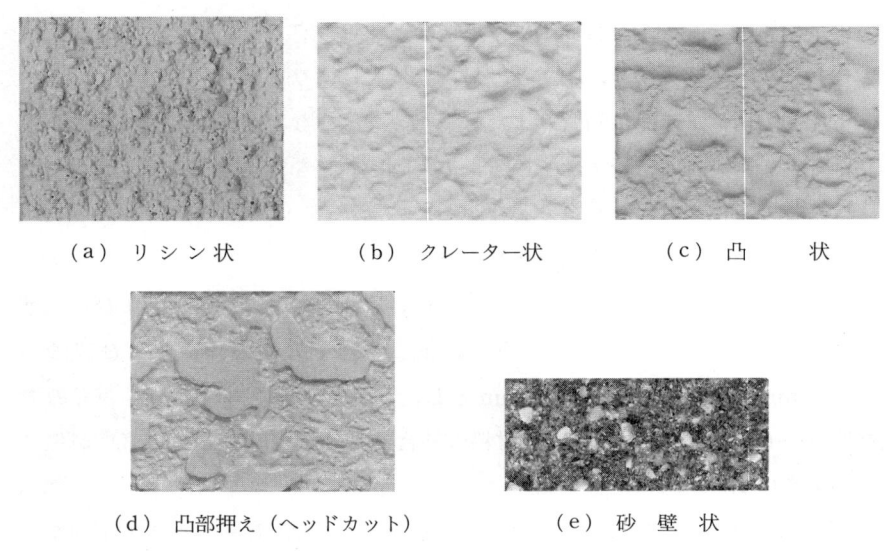

(a) リシン状　(b) クレーター状　(c) 凸　状

(d) 凸部押え（ヘッドカット）　(e) 砂壁状

図 3.94　仕上げ塗材の表面

3.4.13　仮設工事 —— 足場解体

足場の解体は屋根工事や外壁工事がすべて完了してから行う。解体する前に材料の置き忘れやごみ，汚れなどが残されてないことを確認しておく。よく足場が解体されてから工事のやり忘れや小さな補修箇所に気づくことがある。これらは駄目と呼ばれ，補修することを駄目直しという。

鉄筋コンクリート造の場合，足場を固定していた壁つなぎ金物の跡を補修しながら足場を解体していく。

足場の材料はほうり投げたりせず，ロープに結んで下ろす。解体途中では足場板などの緊結材を外していたりするため，歩行するときは足元に注意する。

3.4.14　衛生・設備工事

給排水設備や電気設備工事は，基礎工事やコンクリート躯体工事が行われているときから，配管や配管を通すためのスリーブ（筒）の取付けを行わなければならない。

3.4 たてものの施工工程

型枠工事やコンクリート打設の前に取り付けるものについては，工程をしっかり管理しておかないと，後でコンクリートをはつらなければならなくなる。コンクリートをはつることは，躯体に衝撃を与えることになるためできるだけ避けたい。

一般の建築でもトイレ部分は給水や排水が最も集中する場所であり，その配管や器具との取合いは大変である。洗面台や小便器を取り付ける箇所は，コンクリートの前面にコンクリートブロックを積み上げてこの中に配管する場合が多い（これをライニングブロックという）。これは水栓や配管の取出し部の位置を調整しやすくするためである。特にタイル仕上げのときは目地との位置を合わせないと，タイルに半端物が出て見た目がよくない。したがって，配管などはタイル割りから測った心出しを行う必要がある（図3.95）。

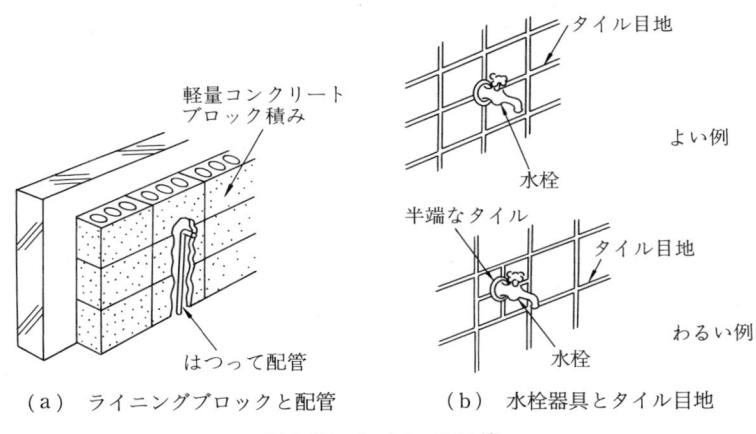

（a）ライニングブロックと配管　　（b）水栓器具とタイル目地

図3.95　トイレの配管

大便器　和式の大便器を取り付けるには，土間コンクリートにスリーブとなる型枠を設けて，器具取付け用の穴を作っておかなければならない。床の仕上げの前に大便器をモルタルまたはコンクリートで固定する。

手すり・スイッチ　公園のトイレは，車いす使用者や高齢者または親子連れで利用できるものが多くなってきている。これらに対応した器具として，特殊な手すりや水洗スイッチなどが取り付けられることもある。

屋外の配管　屋外の配管は足場が解体された後に行うことになる。このころは工事も終盤になり，建物周りの舗装が次に迫っている状況である。建物内から引き出した配管類を屋外の配管に接続する。

雨水排水　雨水排水は雨どいなどからの管を雨水桝につなぎ，屋外雨水管に接続する。小規模なトイレや四阿などでは雨どいを設けず，軒先の下に雨受けの溝などを設ける場合がある。この雨受け溝は桝で受け，雨水管に接続する。ただし修景上の理由から桝を設けず，管に直接接続するか，溝を浸透式にすることもある。

汚水排水　汚水排水は洗面台，大便器，小便器からの汚物や雑排水を流すもので，建物内配管を屋外の桝で受けて屋外汚水管に接続する。汚水桝はにおいが漏れたり，雨水が流れ込まないように防水ふたとしなければならない。また汚物などが桝に引っ掛かったり，たまったりしないように桝の底にはインバート（invert）を設ける。インバートとはモルタルで管と同形状の水の道を形作ったものである。

　雨水管，汚水管いずれも桝との接続部は漏水しないように防水モルタルで管を固定する（図 3.96）。

給水管　給水管は建物内配管を取り出したところに止水栓（バルブ）を設けて，屋外の給水管と接続する。

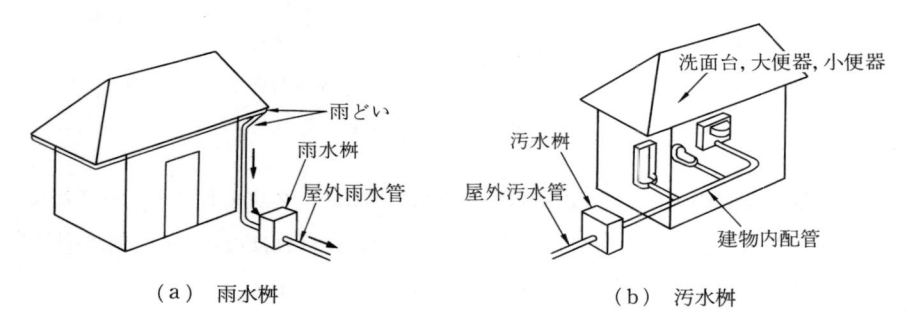

　　　　（a）雨水桝　　　　　　　　　　（b）汚水桝

図 3.96　雨水桝および汚水桝の取付け図

3.4.15 電気設備工事

電気設備工事はコンクリート躯体に配管された電線管にケーブルを通線する。照明器具やスイッチおよび分電盤などは事前に接続用のボックスや金具を躯体に取り付けておく。

内外装の仕上げがほぼ終了した時点で，照明器具やプレートなどの表に出てくるものを取り付ける。特に照明器具は内装工事の途中であると，破損したりすることもあるので養生が必要となる。

最近では電気設備の中に防犯用ブザーや警告灯などの設備も多くなっている。

3.4.16 内装工事

内装工事とは一般に床，壁および天井の仕上げを行う工事であるが，材料としては多様である。ここでは公園のトイレで行われる工種について述べる。

床 床は土足で出入りするためタイル張りや塗床とすることが多いが，3.4.11項と3.4.12項で述べているので省く。

壁 壁はいたずらや破損，またはにおいや汚れが付くためタイル張りや塗装・左官工事が多い。

天井 天井については，せっこうボード，木毛セメント板，石綿スレート板，ケイ酸カルシウム板などの仕上げ材がある。下地は軽量鉄骨で組むが木の場合もある。軽量鉄骨の下地を略して軽鉄下地と呼び，金物工事の範疇になる。軽鉄の吊りボルトはコンクリートスラブの下端に埋め込まれたインサート金物にねじ込んで取り付ける。インサート金物はスラブの型枠工事で取り付けておく。吊りボルトに軽鉄材の野縁受けを約90cmの間隔で取り付け，それに野縁を付ける。野縁の間隔はボードの幅に合わせて正確に通す。

天井下地が組み上がったら，ボードをビスで張っていく。ときにせっこうボードの下地に吸音板などを接着張りとすることもある。

内部足場 軽鉄工事およびボード張りでは内部足場を組む。内部足場はきゃたつ（脚立）と足場板を使用する。きゃたつの間隔は1.8m以下とし，足場

板は三つ以上のきゃたつに架け渡す場合を除き、きゃたつの踏桟になまし鉄線などで固定する。内部足場はとび（鳶）職などが組み立てることはほとんどなく、内装職人が自分たちで組立解体作業をすることが多い。

3.4.17 その他の仕事

トイレブース トイレの仕切壁は合板フラッシュ、テラゾーブロックまたは鋼製フラッシュのスクリーン（隔板）などがある。最近では耐衝撃性や落書き対応に容易なメラミン系フェノール樹脂板などのプラスチック系のものが多くなっている。取付け方法は床および壁に埋め込むか、金物で固定する。埋め込む場合はスクリーンを止め金具などで固定してからモルタルやタイルの仕上げをする。タイル仕上げの場合は目地位置と合わせて取り付ける。スクリーンの扉はトイレ用の丁番（ラバトリーヒンジ）などで取り付ける。また内開き扉には物掛け兼用の戸当たりが付けられる。

雑工事 洗面台には鏡が付けられることもある。公衆トイレの場合はガラス製は割られることがあるので、鏡面仕上げのステンレス製とすることもある。鏡の取付けは接着剤または止め金具で行う。

公衆トイレでは、男女・身障者（多目的）を示すサイン板を設ける。これらは取付け金具や接着剤で行うことが多い。

3.4.18 清掃片付け

清掃片付けは工事を完ぺきに終わらせる最後の作業である。建物の仕上げに付いた汚れを落としたり、残材を片付けたり、清掃を行う。周りが汚ければせっかく建物がきれいにできてもよくは見えない。

最後まで気を抜かず丁寧に行うことが大切である。

4 関連法規

建築には計画,設計,施工のそれぞれにかかわる法規制が数多くある。その主なものとしては都市計画法,建築基準法,建設業法および労働安全衛生法などがあり,それぞれの立場で関係する法律や条例などを理解しておかなければならない。

法体系は,国の法(国法)と地方公共団体の条例があり,前者は官報で公布され,後者は各団体の公報で公布される。国の法は国の最高法規である憲法,立法機関である国会の制定による法律,内閣が閣議決定して制定する政令,その他の行政機関の命令として省令がある。また,条例のほかに地方公共団体の長(都道府県知事,市町村長)において規則を制定できる。

建設にかかわる法律としては,建設業関係,労働安全関係,建築基準関係,都市計画関係,道路交通関係,公害防止関係,危険物関係,その他の法令がある。

造園工事に携わる者は,工事の現場における安全衛生の問題や,業務の適正化,工事の質の向上を目指すため,基本的にはこれらの法令などを理解しておかなければならない。

4.1 資格関連法律

4.1.1 測 量 法

この法律は,「国もしくは公共団体が費用の全部か一部を負担し,もしくは

補助して実施する土地の測量又はこれらの測量の結果を利用する土地の測量について，実施の基準および実施に必要な権能を定め，測量の重複を除き，並びに測量の正確さを確保するとともに，測量業を営む者の登録の実施をもって，業務の規制などによって測量業の適正な運営と健全な発達を図ることによって，各種測量の調整および測量制度の改善発達に資することを目的」としている。これに基づき，上記にかかわる測量に従事する者は登録された測量士または測量士補でなければならないとされている。

公共の造園工事を行う場合は，その敷地境界において測量士または測量士補により測量された測量図をもとに境界の確認をする必要がある。

4.1.2 建築士法

この法律は，「建築物の設計，工事監理等を行う技術者の資格を定めて，その業務の適正をはかり，もって建築物の質の向上に寄与させることを目的」としている。建築士には一級建築士，二級建築士および木造建築士があり，それぞれに建築物の設計・工事監理することができる規模および範囲が定められている。

建築士が設計を行う場合には，法令または条例に定める建築物に関する基準に適合するようにしなければならない。また，工事監理を行う場合において，工事が設計図面のとおりに実施されていないと認められるときは，直ちに工事施工者に注意を与え，もし工事施工者がこれに従わないときは，その旨を建築主に報告しなければならない。

造園工事に含まれる建築工事においても，正当な理由がない限りは，工事監理を行っている建築士の指示に従わなければならない。

4.1.3 土木施工管理技士，造園施工管理技士，建築施工管理技士，等

これらは国土交通大臣が行う技術検定に合格したものに与えられる称号である。この資格は建設業法第27条に基づき，建設業者の施工する建設工事に従事する者の施工技術の向上を図るためのものである。

国または公共団体などの工事に関して，現場ごとに該当する工事の施工管理技士を専任させることが義務づけられている。この1級検定試験の受験資格は**表4.1**のようである。

表4.1　1級検定試験の受験資格

学歴と資格		施工管理に関する必要な実務経験年数	
		指定学科	指定学科以外
大学卒業者		卒業後3年以上の実務経験を有する者　この年数のうち1年以上の指導監督的実務経験年数が含まれていること	卒業後4年6か月以上の実務経験を有する者
短期大学卒業者　高等専門学校(5年制)卒業者		卒業後5年以上の実務経験を有する者　この年数のうち1年以上の指導監督的実務経験年数が含まれていること	卒業後7年6か月以上の実務経験を有する者
高校卒業者		卒業後10年以上の実務経験を有する者　この年数のうち1年以上の指導監督的実務経験年数が含まれていること	卒業後11年6か月以上の実務経験を有する者
上記以外の者		卒業後15年以上の実務経験を有する者　この年数のうち1年以上の指導監督的実務経験年数が含まれていること	
2級合格後5年以上の者		合格後5年以上の実務経験を有する者　この年数のうち1年以上の指導監督的実務経験年数が含まれていること	
2級合格後5年未満の者（卒業後に通算で所定の実務経験を有する者）	高等学校卒業者	卒業後9年以上の実務経験を有する者　この年数のうち1年以上の指導監督的実務経験年数が含まれていること	卒業後10年6か月以上の実務経験を有する者
	その他の者	14年以上の実務経験を有する者　この年数のうち1年以上の指導監督的実務経験年数が含まれていること	

4.2 建設業法，労働関係法

4.2.1 建設業法

この法律は，「建設業を営む者の資質の向上，建設工事の請負契約の適正化等を図ることによって，建設工事の適正な施工を確保し，発注者を保護するとともに，建設業の健全な発達を促進し，もって公共の福祉の増進に寄与することを目的」としている。

主旨は，建設業の種類と業（なりわい）を営むための建設大臣または都道府県知事の許可，建設工事の請負契約の内容・方法および紛争の処理，施工技術の確保などが示されている。この施工技術の確保の中に主任技術者および監理技術者の設置がうたわれており，この資格としては前節で述べた施工管理技士が該当する。

4.2.2 労働基準法

この法律は，憲法第27条の「賃金，就業時間，休憩，その他の勤労条件に関する法律でこれを定める」という規定に基づき労働者の労働条件について規制した法律である。この中では，労働契約，賃金，労働時間・休憩・休日等，災害補償などが規定されている。

4.2.3 労働安全衛生法・同施行令・労働安全衛生規則

この法律は，「労働基準法と相まって，労働災害の防止のための危害防止基準の確立，責任体制の明確化および自主的活動の促進の措置を講ずる等，その防止に関する総合的計画的な対策を推進することにより，職場における労働者の安全と健康を確保するとともに，快適な作業環境の形成を促進することを目的」としている。

建設工事においても労働災害は深刻な問題である。現場ごとにその都度安全や衛生について管理体制を組み，災害の防止に努めなければならない。

この法律の主旨は，総括安全衛生管理者・作業主任者等の選任，労働者の危

険・健康障害の防止措置，安全衛生改善計画などであるが，これに基づく施行令と規則には工事現場における具体的な指示がなされている。

施行令には作業主任者を選任しなければならない作業が示されており，造園および建築工事にかかわる事柄では，
 ・掘削面の高さが2メートル以上となる地山の掘削作業
 ・土止め支保工の切張りまたは腹起しの取付け・取外し作業
 ・型わく支保工の組立
などがある。

作業主任者は都道府県労働基準局長の管轄による技術講習を終了した者のうちから選任されることとなっている。

規則には安全基準（第二編）が示されているが，この中で造園および建築工事にかかわる項目は次のようなものである。
 ・第一章　機械による危険の防止　　丸のこ盤などの加工機械について規定
 ・第一章の二　荷役運搬機械等　　フォークリフトや貨物自動車など車両系荷役運搬機械について規定
 ・第二章　建設機械等
　第一節　車両系建設機械　　ブルドーザー，トラクターショベル，ロードローラーなどの危険防止，使用制限，定期点検などについて規定
　第二節　くい打ち機，くい抜き機およびボーリングマシーン　　くい打ち機，くい抜き機およびボーリングマシーンの倒壊防止，ワイヤーロープの使用，点検等について規定
 ・第三章　型わく支保工　　型わく支保工に関する材料，構造，組立等の場合の措置について規定
 ・第四章　爆発，火災等の防止　　建設工事などで使用されるガス溶接等の容器（アセチレンボンベ等）などの取扱いについて規定
 ・第六章　掘削作業等における危険の防止
　第一節　明り掘削の作業　　一般にオープンカットと呼ばれる明り掘削の掘削面の勾配基準や土止め支保工について規定

・第九章　墜落，飛来崩壊等による危険の防止

　第一節　墜落等による危険の防止　　高さが2メートル以上の箇所で作業する場合の作業床の設置，安全帯の取付設備，脚立などについて規定

・第十章　通路，足場等

　第二節　足　場　　建築工事などに設置される仮設の足場である丸太足場，鋼管足場（単管足場，わく組足場）の構造や設置の方法について規定

　造園工事に含まれる建築工事は低層であったり，簡易な建物であることが多く，上記の第六章，第九章，第十章については安易な考えで十分な措置をとらないことも間々見られる。しかし，建設現場の労働災害はちょっとした不注意や気の緩みからおこるものであり，これらの規定を十分に理解し現場管理をしていかなければならない。

4.3　建築基準法，都市公園法

4.3.1　建築基準法・同施行令・同施行規則

　この法律は「建築物の敷地，構造，設備および用途に関する最低の基準を定めて，国民の生命，健康および財産の保護を図り，もって公共の福祉の増進に資することを目的」としている。建築の行為を行うときの基本となる法律であり，建築物の定義や建築物を建てる際の敷地制限や用途，申請と確認および検査，建築物の構造および設備，防火地域などの制限，他建築にかかわる事項が幅広く規定されている。

　建築基準法に定義される建築物とは「土地に定着する工作物のうち，屋根および柱もしくは塀，観覧のための工作物または地下もしくは高架の工作物内に設ける事務所，店舗，興業場，倉庫，その他これらに類する施設をいい，建築設備を含むもの」としている。

　造園工事に最も関係のある都市公園法においても，建築物の解釈は原則としてこれに準じている。

　建築物は都市計画法により，都市計画区域内に定める用途地域内に建てる建

築面積の限度が定められている。これを建ぺい率という。公園に建築する場合は都市公園法により，建築基準法より小さい建築面積が規定されているため，ほとんどが問題とならない。ただし，建築基準法に示されている敷地面積とは，道路などで区切られていない一つのまとまった部分をいうが，都市公園法においては，一つの公園としてみなされる敷地の外周に囲まれた範囲の総合を敷地面積という。公園の一部分の敷地内に建てられる建築面積が超過するような場合は，特定行政庁が安全上，防災上および衛生上支障がないと認めた上で，建築審査会の同意を得る必要がある。

また，建築基準法には建築の延べ面積の割合（これを容積率という）が規定されているが，建築面積とは別ものであり，都市公園法には規定がない。

建築物はその建てられる場所によって構造に制限がかけられる。例えば防火地域と準防火地域内および特定行政庁が指定する区域内に建てる建築物の屋根は，不燃材料で造りまたは葺かなければならないとされている。ただし，造園工事でよく扱われる茶屋，四阿などの建築物や延べ面積 $10\,m^2$ 以内の物置や納屋などは，防火地域と準防火地域内を除いて，延焼のおそれのある部分以外については不燃材料で造りまたは葺かなくてもよいことになっている。

4.3.2 都市公園法

この法律は，「都市公園の設置及び管理に関する基準等を定めて，都市公園の健全な発達を図り，もって公共の福祉の増進に資することを目的」としている。この中で公園施設とはどのようなものであるかを規定しており，ベンチや遊戯施設などとともに建物である休憩所や便所などが示されている。

都市公園に公園施設として設けられる建築物の面積については，都市公園法では敷地面積の 2/100 まで許容されているが，同政令によって休憩施設，運動施設，教養施設としての建築物の面積は敷地面積の 10/100 だけ加算できるとされている。

公園内に設ける建築物についても建築基準法に準拠しなければならない。

参 考 文 献

1 章
1) 内山正雄・蓑茂寿太郎：代々木の森, 東京公園文庫 20, 郷学舎（1981）
2) 林　陽子・小林　章：山下公園における造園建設技術, ランドスケープ研究 65(5), pp. 491〜496（2002）
3) 小林　章：昭和 30-50 年代の造園技術書からみた工学的建設技術の位置付け, ランドスケープ研究 64 別冊, 造園技術報告集 1, pp. 2〜3（2001）
4) 造園研究グループ：ランドスケープコンストラクション, 技報堂出版（1998）
5) 東京農業大学造園技術研究会：1 級造園施工管理技士試験, 彰国社（2003）
6) （社）日本道路協会：道路土工—のり面工・斜面安定工指針（改訂版）, 丸善（1979）
7) （社）日本道路協会：道路土工施工指針（改訂版）, 丸善（1986）
8) （社）日本道路協会：道路土工—土質調査指針, 丸善（1986）
9) 土木学会：コンクリート標準示方書〔基準編〕〔施工編〕〔舗装編〕〔維持管理編〕（2002）

2 章
1) （社）日本道路協会：アスファルト舗装要綱, 丸善（1993）
2) （社）日本道路協会：セメントコンクリート舗装要綱, 丸善（1976）
3) 金井　格, 他：人のための道と広場の舗装, 技報堂出版（1987）
4) 日本住宅木材技術センター：木製舗装設計施工の手引き（1994）
5) （社）日本道路協会：道路土工・排水工指針, 丸善（1987）
6) 日本道路建設業協会編：透水性舗装ハンドブック, 山海堂（1979）

3 章
1) 下出源七：建築大辞典, 彰国社（1974）
2) 彦坂　裕, 他：SD —庭園—, 鹿島出版会（1984）
3) 上原敬二：ペルゴラ・藤棚・蔓植物, 加島書店（1986）
4) 関野　克：世界大百科事典, 平凡社（1968）
5) 建設大臣官房庁営繕部：建築工事共通仕様書,（社）公共建築協会（1999）

6) 日本建築学会：構造用教材 Ⅰ, 丸善 (1974)
7) 日本建築学会：構造用教材, 1998年版, 丸善 (1998)
8) 足場の組立て等工事の作業指針, 建設業労働災害防止協会 (2003)
9) 日高健一郎・谷水 潤：建築巡礼17 イスタンブール, 丸善 (1994)
10) 石知識, つげ石材(株)
11) ザイエンス, (株)ザイエンス
12) 公衆便所とその関連製品, 三晃商事(株)
13) 公園施設総合カタログ, (株)ホクショウ
14) 日軽パブリックトイレ, (株)住軽日軽エンジニアリング

4 章
1) 施工管理関係法令集, 建築資料研究社 (2000)
2) 建設法規の基礎, 工学出版 (1998)

索引

【あ】

明り掘削	169
足場	170
アースオーガー	130
アスファルトフィニッシャー	48
アスファルトプラント	62
アスファルト防水	150
アスファルト舗装	39, 44, 48
四阿	95, 99
東屋	95, 99
校倉造	110
アーチ構造	114
圧着張り	156
歩み板	37
アルミニウム系パネル構造	122
アンカーボルト	148
暗渠	73
安全管理	36
安全柵	36

【い】

イギリス積み	105
異形丸鋼	116
異国趣味	100
石	103
石張舗装	40, 56
囲障	84
位置出し	26
一輪車	24, 66
一級建築士	166
一体式構造	102

芋目地	103
インサート金物	163
インターロッキングブロック舗装	40, 51, 68
インパクトレンチ	149
インバート	162

【う】

請負契約	168
雨水浸透管	80
雨水浸透桝	82
雨水流出係数	73
打継ぎ目	63, 67
埋戻土	79

【え】

A形バリケード	36
エフロレッセンス	155
L形側溝	74
塩ビ管	75, 83

【お】

大壁造	110, 111
汚水管	80
親杭横矢板工法	129
温度養生	20

【か】

開渠	73
街区公園	97
介錯ロープ	149
外装用床タイル	53
改良圧着張り	156
改良積上げ張り	156
角度	28, 29

隔板	164
花こう岩	55
架構式構造	102
ガゼボ	102
型枠	21
型枠の存置期間	142
ガーデニング	87
カーテンウォール	108
金ごて仕上げ	66
加熱混合	44
かねふり	35
かまぼこ	70
カラーアスファルト	47
カラーコーン	37
ガラス繊維強化プラスチック	123
仮ベンチマーク	30, 32, 127
臥梁	109
簡易舗装	59
管渠	35
間伐材	102
監理技術者	168

【き】

キオスク	100
機械切り	106
器械高	32
基準点	30
既製コンクリート杭	132
基層	40
基礎ブロック	84
北の丸公園	2
擬木柵	85
境界	36

索引

境界杭	30
凝結	17
供試体	146
強度	106
距離	29
切土	7
金属系プレファブ	122
近隣公園	97

【く】

杭	27
杭地業	131
空洞コンクリートブロック	107
草茸	99
躯体工事	139
クレーン付きトラック	5

【け】

軽鉄下地	163
化粧ブロック	85
下水道	73
原寸検査	147
建築工事業	96
建築施工管理技士	166
建築面積	170
現場打ちコンクリート杭工法	132
現場着温度	64
現場テラゾー塗	159
現場配合	17
建ぺい率	171

【こ】

コアカッター	49
コア採取	65
硬化	17
工期の短縮	96
高所作業車	6
合成高分子系ルーフィングシート防水	150

剛性舗装	39
勾配	27, 32
合板フラッシュ	164
鋼矢板工法	129
高力ボルト	149
小たたき	106
骨材	44
こぶ出し	106
コールドジョイント	25
コンクリート(セメント)系プレファブ	120
コンクリートタワー	23
コンクリートパネル	140
コンクリートブロック	103
コンクリート平板舗装	40, 50
コンクリートポンプ車	24, 141, 145
コンシステンシー	18
コーンバー	37
コンパクター	48

【さ】

細骨材	16
再生砕石	88
砕石地業	131
砕石ダスト	54
最適含水比	42
在来軸組構法	112
材齢	19
作業主任者	168
皿形側溝	74
サンドクッション	68
残土処分証明書	15

【し】

仕上塗材仕上げ	159
ジェットヒーター	145
シェルター	95
資格	5
敷地面積	171

自在柱	90
四注造り	99
湿潤養生	20
湿地ブルドーザー	14
示方配合	17
地山の土量	14
じゃんか	147
修景施設	97
十字線	34
住宅団地	2
シュート	24
主任技術者	168
準備工	126
承認図	84
小舗石舗装	40, 55
真壁造	110, 111
伸縮目地	50, 85
人造石研出し	159
心出し	88
浸透工法	77
浸透桝	77

【す】

水和作用	17
スクリーン	164
筋芝	16
捨コンクリート	91, 131
スペーサー	140, 145
墨出し	91
スラブ	139
スラントルール	27
スランプ試験	18
スランプ値	18, 119
スリーブ	160

【せ】

せっこうプラスター塗	158
セパレーター	140
セメントコンクリート舗装	39, 49

【そ】

造園技能士	4
造園施工管理技士	4, 166
総括安全衛生管理者	168
走行性	14
測量技術	26
測量士	166
測量士補	166
粗骨材	16
組積式構造	102
組積造	102, 103

【た】

耐火性	103, 106
耐震性	103
耐摩耗性	106
タイル舗装	40, 53, 70
高さ	27
ダスト舗装	40, 53, 71
建入れ	145
玉掛け	6
駄目	160
たわみ性舗装	39
単管足場	135
団子張り	155
タンパー	60
ダンプトラック	5
単粒度砕石	82

【ち】

地域性	55
チェーンソー	6
駐車場	59
丁張	8, 26, 27, 32
帳壁	108

【つ】

継手	118
築山	7
筒	160
ツーバイフォー構法	112
積上げ張り	155
吊荷	38
吊りボルト	163
つる性植物	98
徒々草	102

【て】

ディーゼルハンマー	130
定着	118
テストピース	19
鉄筋加工図	140
鉄筋コンクリート	102
鉄筋コンクリート造	102, 115
鉄骨造	102, 113
鉄骨鉄筋コンクリート造	102
テラゾー	154
テラゾーブロック	164
転倒	38
転用数	21

【と】

トイレブース	164
統一土質分類	9
東京オリンピック	2
透水アスファルト舗装	47
透水管	77
透水コンクリート平板	51
透水シート	68
通り	79
通りをとる	26, 36
土被り	81
床付け	129
土壌分類	9
トータルステーション	29
土羽板	15
土羽打ち	15
土木施工管理技士	166
塗膜防水	150, 151
トラス構造	114
トラックミキサー	24, 65
トラフィカビリチー	14
トラロープ	37
トランシット	28, 33, 34
トルクレンチ	149

【な】

| 内部足場 | 163 |
| 縄張り | 126 |

【に】

| 二級建築士 | 166 |

【ぬ】

| 貫 | 27 |
| 貫板 | 31 |

【ね】

根切り	128
猫車	66
ネットフェンス	84

【の】

のみ切り	106
法定規	32
法付け工法	129
法面	7

【は】

排水系統	75
排水桝	75, 79
パイプサポート	145
バイブレーター	25, 93, 141
はけ引き仕上げ	66
パゴダ	101
パーゴラ	98
場所打ちコンクリート杭	132
場所打ちコンクリート杭工法	133

場所打ち連続壁工法	129	プレファブ造	120	メッシュフェンス	84,88
ハッカー	140	プレボーリング	133	免　許	5
白華現象	155	ブロック塀	85,90	【も】	
バックホー	5,128,130	ブローンアスファルト	152	木質系プレファブ	121
パーティクルボード	122	【へ】		木造建築士	166
バーナー	106	平　板	29	木れんが舗装	40,57
パーライトモルタル	152	ベースコンクリート	70	盛　土	7
腹　筋	143	ベンチマーク	30,126	モルタル	16
張　芝	16	【ほ】		モルタル塗	157
パンク	146	補強コンクリートブロック造	102	モールド	19
【ひ】		ほぐした土量	14	【や】	
日陰棚	95,97	歩行感	57	山下公園	2
びしゃん	106	舗石舗装	40,55	山　砂	72
ビブラート工法	157	ポール	28	山留め	129
ヒューム管	74	本磨き	106	遣　形	26,27,126
標　尺	28	【ま】		【ゆ】	
表　層	40	巻出し厚	13	U形側溝	74,78
表面温度	57	まくら木舗装	40,58	有色骨材	47
【ふ】		曲げ応力	50	床コンクリート直均し仕上げ	158
ファスナー	155	まさ土	72	【よ】	
フィッシュボーン	70	まさ土舗装	72	養　生	19
フェンスバリケード	37	丸太足場	134	容積率	171
フォームタイ	140	まんじゅう	149	【ら】	
藤　棚	95,97	万年塀	85	ライニングブロック	161
フーチング	139	【み】		らっぱ	148
普通丸鋼	116	水　糸	27	ラティス	87
不透水層	12	水セメント比	17	ラーメン構造	114
不透水面	77	水　貫	27	【り】	
不燃材料	99,171	水磨き	106	流動性	48
プライマー	63	水元公園	3	【れ】	
プラスチック系プレファブ	123	密着張り	157	レーキ	63
フランス積み	105	【め】		レーキマン	63
プレキャストコンクリート	120	明治神宮外苑	1	レーキ仕上げ	50
フレッシュコンクリート	16,118	目　地	93		
プレート	5	目地モルタル	93		
プレファブ製造業	96				

レディーミクストコンクリート	16	労働条件	168	ワーカビリチー	19
レベル	28	ログハウス	110	枠組足場	136
れんが	103, 104	路床	42	枠組壁工法	112
れんが塀	86	路床土支持力比	42	割ぐり石	132
れんが舗装	40, 54	ロトンダ	100	割ぐり地業	131
		路盤	40	割肌	106

【ろ】

【わ】

労働災害	168	ワイヤメッシュ	65

―― 著者略歴 ――

小林　章（こばやし　あきら）
1974 年　東京農業大学農学部造園学科卒業
1974 年　東京都港湾局臨海開発部勤務
1977 年　東京都建設技術協会港湾局支部優秀賞受賞
1977 年　東京農業大学助手
1978 年　1 級造園施工管理技士
1987 年　東京農業大学専任講師
1996 年　博士（農学）（東京農業大学）
1997 年　東京農業大学助教授
1999 年　日本造園学会賞（研究論文部門）受賞
2002 年　東京農業大学教授
　　　　 現在に至る

山口　剛史（やまぐち　たけし）
1978 年　武蔵野美術大学建築学科卒業
1978 年　造形土木(株)勤務
1978 年　石原建設(株)勤務
1983 年　一級建築士
1984 年　(株)新環境設計勤務
　　　　 民間の宅地造成，下水道工事等の土木施工管理とマンション，病院および学校等の建築施工管理を経験し，後に公団，地方自治体等の発注による造園設計および建築設計監理を行う。
2001 年　ソラリオ主宰
　　　　 現在に至る

近藤　勇一（こんどう　ゆういち）
1974 年　東京農業大学農学部造園学科卒業
1974 年　(株)植捨組勤務
1975 年　(株)勇和造園勤務
1979 年　1 級造園施工管理技士
2000 年　監理技術者
2002 年　(株)勇和造園代表取締役
　　　　 庭園，公園など施工作品多数
2003 年　東京農業大学非常勤講師
　　　　 現在に至る

造園の施設とたてもの ── 材料・施工 ──
Facilities and Buildings for Landscape Architecture
── Materials and Construction ──
Ⓒ Kobayashi, Yamaguchi, Kondo 2003

2003 年 10 月 30 日　初版第 1 刷発行
2005 年 11 月 10 日　初版第 2 刷発行

検印省略	著　者	小　　林　　　　章
		山　　口　　剛　　史
		近　　藤　　勇　　一

発　行　者　　株式会社　　コ ロ ナ 社
　　　　　　　代　表　者　　牛　来　辰　巳
印　刷　所　　三美印刷株式会社

112-0011　東京都文京区千石 4-46-10
発行所　株式会社　コ ロ ナ 社
CORONA PUBLISHING CO., LTD.
Tokyo Japan
振替 00140-8-14844・電話 (03) 3941-3131 (代)
ホームページ http://www.coronasha.co.jp

ISBN 4-339-05213-2　　　（高橋）　　（製本：愛千製本所）
Printed in Japan

無断複写・転載を禁じる
落丁・乱丁本はお取替えいたします

環境・都市システム系教科書シリーズ

(各巻A5判)

- ■編集委員長　澤　孝平
- ■幹　　　事　角田　忍
- ■編集委員　　荻野　弘・奥村充司・川合　茂
  　　　　　　　嵯峨　晃・西澤辰男

配本順	書名	著者	頁	定価
2.（1回）	コンクリート構造	角田　忍・竹村和夫 共著	186	2310円
3.（2回）	土質工学	赤木知之・吉村優治・上　俊二・小堀慈久・伊東　孝 共著	238	2940円
4.（3回）	構造力学Ⅰ	嵯峨　晃・武田八郎・原　隆・勇　秀憲 共著	244	3150円
5.（7回）	構造力学Ⅱ	嵯峨　晃・武田八郎・原　隆・勇　秀憲 共著	192	2415円
6.（4回）	河川工学	川合　茂・和田　清・神田佳一・鈴木正人 共著	208	2625円
7.（5回）	水理学	日下部重幸・檀　和秀・湯城豊勝 共著	200	2730円
8.（6回）	建設材料	中嶋清実・角田　忍・菅原　隆 共著	190	2415円
9.（8回）	海岸工学	平山秀夫・辻本剛三・島田富美男・本田尚正 共著	204	2625円
10.（9回）	施工管理学	友久誠司・竹下治之 共著	240	3045円
11.（10回）	測量学Ⅰ	堤　隆 著	182	2415円

以下続刊

1. シビルエンジニアリングの第一歩	澤・荻野・奥村・角田・川合・嵯峨・西澤 共著
都市計画	亀野・武井・平田・宮腰 共著
環境保全工学	和田・奥村 共著
建設システム計画	荻野・大橋・野田・西澤・鈴木 共著
景観工学	市坪・小川・砂本・溝上・谷平 共著
鋼構造学	原・和多田・北原・山口 共著
建設マネジメント	
防災工学	渕田・塩野・檀・疋田・吉村 共著
環境衛生工学	奥村・大久保 共著
情報処理入門	西澤・豊田・長岡・廣瀬 共著
交通システム工学	折田・大橋・柳澤・高岸・佐々木・宮腰・西澤 共著
12. 測量学Ⅱ	堤・岡林・山田 共著
環境都市製図	

定価は本体価格＋税5％です。
定価は変更されることがありますのでご了承下さい。

図書目録進呈◆

土木系 大学講義シリーズ

(各巻A5判，欠番は品切です)

■編集委員長　伊藤　學
■編集委員　青木徹彦・今井五郎・内山久雄・西谷隆亘
　　　　　　榛沢芳雄・茂庭竹生・山﨑　淳

配本順	書名	著者	頁	定価
2.（4回）	土木応用数学	北田俊行著	236	2835円
4.（21回）	地盤地質学	今井・福江／足立 共著	186	2625円
5.（3回）	構造力学	青木徹彦著	340	3465円
6.（6回）	水理学	鮎川　登著	256	3045円
7.（23回）	土質力学	日下部　治著	280	3465円
8.（19回）	土木材料学（改訂版）	三浦　尚著	224	2940円
9.（13回）	土木計画学	川北・榛沢編著	256	3150円
11.（17回）	改訂 鋼構造学	伊藤　學著	260	3360円
13.（7回）	海岸工学	服部昌太郎著	244	2625円
14.（2回）	上下水道工学	茂庭竹生著	214	2310円
15.（11回）	地盤工学	海野・垂水編著	250	2940円
16.（12回）	交通工学	大蔵　泉著	254	3150円
17.（20回）	都市計画（改訂版）	新谷・髙橋／岸井 共著	188	2625円
18.（24回）	新版 橋梁工学（増補）	泉・近藤共著	324	3990円
20.（9回）	エネルギー施設工学	狩野・石井共著	164	1890円
21.（15回）	建設マネジメント	馬場敬三著	230	2940円
22.（22回）	応用振動学	山田・米田共著	202	2835円

以下続刊

3. 測量学　内山久雄著
10. コンクリート構造学　山崎　淳著
12. 河川工学　西谷隆亘著
19. 水環境システム　大垣真一郎 他著

定価は本体価格＋税5％です。
定価は変更されることがありますのでご了承下さい。

図書目録進呈◆

新編土木工学講座

(各巻A5判，欠番は品切です)

■全国高専土木工学会編
■編集委員長　近藤泰夫

配本順			頁	定価
1.（3回）	土木応用数学	近藤・江崎共著	322	3675円
2.（21回）	土木情報処理	杉山・錦雄 栗木 譲共著	282	2940円
3.（1回）	図学概論	改発・島村共著	176	1911円
4.（22回）	土木工学概論	長谷川 博他著	220	2310円
6.（29回）	測量（1）（新訂版）	長谷川・植田 大木 共著	270	2730円
7.（30回）	測量（2）（新訂版）	小川・植田 大木 共著	304	3150円
8.（27回）	新版 土木材料学	近藤・岸本 角田 共著	312	3465円
9.（2回）	構造力学（1）―静定編―	宮原・高端共著	310	3150円
11.（11回）	新版 土質工学	中野・小山 杉山 共著	240	2835円
12.（9回）	水理学	細井・杉山共著	360	3150円
13.（25回）	新版 鉄筋コンクリート工学	近藤・岸本 角田 共著	310	3570円
14.（26回）	新版 橋工学	高端・向山 久保田 共著	276	3570円
15.（19回）	土木施工法	伊藤・片原 後 山島 共著	300	3045円
16.（10回）	港湾および海岸工学	菅野・寺西 堀口・佐藤 共著	276	3150円
17.（17回）	改訂 道路工学	安孫子・澤共著	336	3150円
18.（13回）	鉄道工学	宮原・雨宮共著	216	2625円
19.（28回）	新 地域および都市計画（改訂版）	岡崎・高岸 大橋・竹内 共著	218	2835円
21.（16回）	河川および水資源工学	渋谷・大同共著	338	3570円
22.（15回）	建築学概論	橋本・渋谷 大沢・音田 共著	278	3045円
23.（23回）	土木耐震工学	狩俣・音田 荒川 共著	202	2625円

定価は本体価格+税5%です。
定価は変更されることがありますのでご了承下さい。

図書目録進呈◆

地球環境のための技術としくみシリーズ

(各巻A5判)

コロナ社創立75周年記念出版

■編集委員長　松井三郎
■編集委員　　小林正美・松岡　譲・盛岡　通・森澤眞輔

配本順			頁	定価
1.（1回）	**今なぜ地球環境なのか**　松井三郎編著	230	3360円
	松下和夫・中村正久・髙橋一生・青山俊介・嘉田良平 共著		
2.（6回）	**生活水資源の循環技術**　森澤眞輔編著	304	4410円
	松井三郎・細井由彦・伊藤禎彦・花木啓祐 荒巻俊也・国包章一・山村尊房　共著		
3.（3回）	**地球水資源の管理技術**　森澤眞輔編著	292	4200円
	松岡　譲・髙橋　潔・津野　洋・古城方和 楠田哲也・三村信男・池淵周一　共著		
4.（2回）	**土壌圏の管理技術**　森澤眞輔編著	240	3570円
	米田　稔・平田健正・村上雅博　共著		
5.	**資源循環型社会の技術システム**　盛岡　通編著		
	河村清史・吉田　登・藤田　壮・花嶋正孝 宮脇健太郎・後藤敏彦・東海明宏　共著		
6.（7回）	**エネルギーと環境の技術開発**　松岡　譲編著	262	3780円
	森　俊介・槌屋治紀・藤井康正　共著		
7.	**大気環境の技術とその展開**　松岡　譲編著		
	森口祐一・島田幸司・牧野尚夫・白井裕三・甲斐沼美紀子　共著		
8.（4回）	**木造都市の設計技術**	282	4200円
	小林正美・竹内典之・髙橋康夫・山岸常人 外山　義・井上由起子・菅野正広・鉾井修一 吉田治典・鈴木祥之・渡邉史夫・高松　伸　共著		
9.	**環境調和型交通の技術システム**　盛岡　通編著		
	新田保次・鹿島　茂・岩井信夫・中川　大 細川恭史・林　良嗣・花岡伸也・青山吉隆　共著		
10.	**都市の環境計画の技術としくみ**　盛岡　通編著		
	神吉紀世子・室崎益輝・藤田　壮・島谷幸宏 福井弘道・野村康彦・世古一穂　共著		
11.（5回）	**地球環境保全の法としくみ**　松井三郎編著	330	4620円
	岩間　徹・浅野直人・川勝健志・植田和弘 倉阪秀史・岡島成行・平野　喬　共著		

定価は本体価格+税5%です。
定価は変更されることがありますのでご了承下さい。

図書目録進呈◆